Andreas Malessa

Mein Herz in Afrika

Ole Ronkei – Begegnung mit einem Massai

Über den Autor

Andreas Malessa, Jahrgang 1955, wurde bekannt als Teil des Gesangsduos *Arno & Andreas*. Seit Abitur und Theologiestudium in Hamburg arbeitet er als Hörfunkjournalist beim DeutschlandRadio Kultur in Berlin und beim Hessischen Rundfunk in Frankfurt sowie als TV-Moderator und Dokumentarfilmer beim Südwest-Fernsehen Stuttgart. Seine Reportagen aus der Dritten Welt und seine geschliffenen Satiren werden von den Lesern zahlreicher Zeitschriften geschätzt. Andreas Malessa ist seit mehr als 30 Jahren verheiratet und hat zwei erwachsene Töchter.

Andreas Malessa

Mein Herz in Afrika

Ole Ronkei – Begegnung mit einem Massai

Mix
Produktgruppe aus vorbildlich bewirtschafteten
Wäldern und anderen kontrollierten Herkünften
www.fsc.org Zert.-Nr. SGS-COC-001940
© 1996 Forest Stewardship Council

© 2010 Gerth Medien GmbH, Asslar,
in der Verlagsgruppe Random House GmbH, München
1. Auflage 2010
Bestell-Nr. 816 406
ISBN 978-3-86591-406-4
Umschlaggestaltung: Immanuel Grapentin
Satz: Die Feder GmbH, Wetzlar
Druck und Verarbeitung: GGP Media GmbH, Pößneck
Printed in Germany

Inhalt

„Was guckst du so?!"

Unrasiert und übernächtigt zu einer offiziellen Begrüßung?! Na toll. Stehen Sie gerne zerknittert und verschwitzt vor Menschen, die garantiert gepflegter aussehen als Sie? Ich nicht.

Der Nachtflug ging mit eineinhalbstündiger Verspätung raus. Die Pass- und Zollkontrolle hier in Addis Abeba, der Hauptstadt Äthiopiens, vollzog sich als eine Mischung aus deutscher Gründlichkeit und äthiopischer Morgenmüdigkeit. Ganz, ganz gemächlich. Und schließlich tat der Berufsverkehr stadteinwärts sein Übriges.

Endlich stehen wir, eine kleine Gruppe europäischer Kirchenvertreter, Hilfswerkmitarbeiter und Journalisten, einer großen Gruppe afrikanischer Pastoren und Hilfswerkleiter gegenüber. Wobei die Letzteren einfach besser dastehen – frischer und entspannter. Kleine füllige Pfarrer, deren weiße Priesterkragen mit den schneeweißen Zähnen um die Wette strahlen. Hünenhafte Geschäftsmänner in dunkelblauen Nadelstreifen, deren Manschettenknöpfe aus den Jackettärmeln hervorleuchten. Zierliche Damen mit wunderschönen großen Rehaugen, deren tiefschwarzes Haar mit den Pastellfarben ihrer Seidenhalstücher kontrastiert. Aus vielen Ländern des schwarzen Kontinents sind sie hergekommen und – nein, das kann nicht sein …

Mein Blick bleibt bei einem Mann in Businesshemd und Schlips hängen, der … aber doch nicht mit Aktenköfferchen neben den Lackschuhen, hier im Foyer eines Nobelhotels?

Er sieht aus wie ein Massai, denke ich. Von früheren Aufenthalten in Ostafrika ist mir die Physiognomie der Hirtennomaden vertraut. *Schluss jetzt*, rufe ich mich zur Ordnung. *Hör gefälligst zu, wenn man dich willkommen heißt.*

Die Begrüßungsreden der Afrikaner sind humorvoll und klug, manche bereits informativ und faktenreich, vor allem aber eins: lang. Ich muss das Gähnen unterdrücken und immer wieder hinübersehen zu diesem ... nee, das kann nicht sein. Was hätte auch ein Steppenbewohner aus Kenia oder Tansania im Kreis handverlesener Repräsentanten großer Institutionen verloren?

Andrerseits, er hat ein großes Loch im Ohrläppchen, wie es Massaimänner ... Jetzt lächelt er mir zu. Ganz offen, ganz einladend. *Er hat es bemerkt*, denke ich. Ertappt! Sofort schaue ich wieder zu dem derzeitigen Redner hinüber.

Danke. Ende. Applaus. Wir gehen zum gemeinsamen Frühstück. Der Angestarrte kommt direkt auf mich zu und grinst. „Hi! Ich bin Ole Ronkei aus Nairobi. Wollen wir uns an einen Tisch setzen? Sie sind der einzige Weiße, der was gemerkt hat. Woher kennen Sie uns Massaileute?"

Unser Small Talk dreht sich – typisch afrikanisch – zunächst um unsere Kinder. Er hat vier. Zwei halb erwachsene Töchter, einen Teenager, einen zehnjährigen Jungen. Als ich von meinen zwei erwachsenen, noch unverheirateten Töchtern erzähle, lacht er spitzbübisch: „Als Massai würden Sie bald sehr reich werden! Hübsche Mädchen mit guter Schulbildung bringen jede Menge Brautpreis ..."

Aber was mich Dr. Ole-Morompi Ronkei in der folgenden halben Stunde dann ernsthaft fragt – sehr freundlich, sehr höflich –, das pustet mir jeden Rest von Flugzeugmattigkeit aus dem Hirn: „Haben in Deutschland auch Kinder aus armen Familien eine Chance, das Abitur zu machen und zu studieren? Fördern die Schulen und Universitäten auch die Charakterbildung und Persönlichkeitsreife eines Jugendlichen oder werden da nur Fakten gebimst und bei Klausuren wieder ausgespuckt? Können Sie in den Gemeinden und in christlichen Familien ausgleichen, was an negativen Einflüssen auf die Kinder einströmt? Ohne dass man sich gesellschaftlich abschottet, meine ich. Haben Sie im Laufe Ihrer Ausbildung und Karriere Ihren mitgebrachten Kinderglauben abgestreift oder weiterentwickelt?"

Ich dagegen habe zunächst immer nur eine einzige Frage an ihn: „Wie haben Sie das geschafft – vom Hirtenjungen zum Professor?"

„Durch den Glauben an Gott, der in Jesus zu mir gekommen ist. Wobei es nicht auf meinen Glauben ankam, sondern auf den anderer Menschen. Die haben mir vertraut und mich Gott anvertraut und …"

Das hat mir Ole Ronkei dann ein Jahr später erklärt, als meine Frau und ich ihn und seine Familie in Kenia besuchen. An den Stationen seiner atemberaubenden Biografie.

„Schau, die Kühe lächeln!"

Ein kühler, sonniger Morgen in grünen Bergen.

Über die langen, sanft geschwungenen Höhenrücken mit spärlichem Baumbestand ziehen in der Ferne helle Punkte. Manchmal ballen sie sich zusammen, bilden rostrotbraune Wolken und karamellfarbene Laken, die über endlosen Hangwiesen zu schweben scheinen. In höheren Lagen sind die lindgrünen Almen und Matten weiß gesprenkelt und wie mit Wattekugeln beworfen, die mal langsam herunterrutschen, mal aufsteigen.

Eine Windböe weht das Geklapper von Kuhglocken über die Bäume des zugewucherten Flusstals hinweg. Eigentlich penetrant, aber auch irgendwie romantisch: Glocken in der Ferne. *Gleich kommt Heidi um die Ecke,* denke ich, *mit Ovomaltine und Toblerone im Korb.* Beim Blick durchs Fernglas lösen sich die Wolken und Watteflecken dort drüben zu einzelnen Kühen und Ziegen auf. Zu Viehherden, die als helle Häkeldeckchen mit Kaffeeflecken über eine gigantische grüne Wand wandern.

Nein, Heidi kommt nicht. Stattdessen hört man die kehligen Rufe der rot gewandeten Hirten auf dieser Seite des Flusses und das Gurren der Steppentaube, wie man es aus Serengeti-Filmen kennt. Die riesigen Schirmakazien dort vorne und die zwei fruchtbehangenen Papayabäume vor meiner Terrasse signalisieren unmissverständlich: Du bist in Kenia. Kenia, jawohl. Dabei ist es hier nicht heiß, nicht verdorrt und nicht dreckig. Und die Leute, die ich heute kennenlernen werde, sind nicht arm.

Sami, der Gärtner, und Sereya, die Köchin, werden sich gleich mit jenem ritualisierten Sätze-Pingpong begrüßen, das hier jedem Gespräch vorausgeht.

„Wie geht's deinen Kühen?"

„Gut."

„Und selbst?"

„Danke, toll."

„Und was machen die Kinder?"

„Niemand ist stolzer als ich auf meine."

„Deine Eltern sind doch gesund und munter, hoffe ich?"

„Sie platzen vor Leben!"

„Und deine Frau …"

„… versorgt mich, wie es keine Mutter besser könnte."

„Gott segnet dein Business?"

„Es brummt, sage ich dir. Gott sei Dank."

Dann werde ich gefragt, wie es meinen Kühen geht. Soll ich wirklich erklären, dass ihre artgerechte Haltung im zweiten Stock eines deutschen Wohnhauses schwierig wäre? Unsinn. Also weiter.

„Du kannst froh sein, schon so alt zu sein!"

„Ähh … ja, ja, sicher. Natürlich."

Der Wahrheitsgehalt all dieser Sätze ist nicht höher als der einer Bankberatung vor dem Crash im Jahr 2008, aber das macht nichts. Mit der Wahrheit werden wir später rausrücken. Unsere Nöte und Sorgen werden wir erst teilen, wenn ein Konsens über elementare Grundsätze des Lebens hergestellt wurde: dass wir eigentlich dankbar sein können. Dass es schön ist, zu leben. Dass der heutige Tag Freude machen wird.

Solch positives Motiviertwerden darf man erst recht von einem Mann aus Europa erwarten, weshalb ich den Spieß sofort rumdrehen muss und zurückfrage: „Guten Morgen, ihr beiden! Na, was machen die …"

„… unsere Kühe lächeln, schau!"

„Und selbst?"

„Keiner kann glücklicher sein …"

Dass Kühe lächeln, sehen nur die Massai. Massai, das ist, zumindest in europäischer Optik, der berühmteste Volksstamm des Kontinents, denn kein Reisekatalog und kein Hotelflyer Ostafrikas verzichtet auf Fotos von hochgewachsenen, schlanken Männern mit braunrot gefärbtem kahlem Vorderschädel und langen, feinstgeflochtenen dünnen Zöpfen im Nacken, die, in rote Decken gehüllt, mit Speeren in der Hand Springtänze aufführen. Das machen die Massai im Alltag ungefähr so oft, wie die Münchner im Alltag Lederhosen samt Gamsbarthütchen tragen und sich jodelnd auf die Waden klatschen.

Sami und Sereya kommen in Jeans und T-Shirt aus dem kleinen Chalet am Berghang, haben den Tee zusammen mit der Milch aufgekocht und so viel braunen Zucker in den Pott gekippt, dass auch energisches Rühren eine lecker süße Schlammschicht am Tassenboden hinterlässt.

„Freust du dich, Oles Familie zu treffen?" Die Frage ist nicht ganz uneitel, denn Sereya ist Teil dieser Familie.

„Und wie. Mit dir fang ich ja gerade an …"

„Warum hast du nur eine Frau mitgebracht?"

Der Gärtner unterbricht die Köchin und tadelt sie lachend: „Der hat doch nur eine!"

Ich nicke und Sami wirbt um Verständnis für meine Lage: „Auch für Europäer kosten zwei Flugtickets doppelt so viel wie eines!"

Jetzt nickt Sereya und sagt: „Das ehrt uns."

„Dass Flugtickets teuer sind?"

„Nein, dass ihr trotzdem zu uns kommt."

Das alles wird in einem erstaunlichen Tempo ausgetauscht. Es klingt wie ein sportlicher Schlagabtausch. Und nach jedem

Kurz- oder Halbsatz wirft der andere ein helles „Eh!" ein, was bestätigend und ermunternd wirken soll. Unser deutsches „Hm, hm. Hm, hm" kann ja manchmal skeptisch klingen, im Sinne von „Tatsächlich? Ach ja?", oder gelangweilt, als flehentliche Bitte: „Komm zu Potte, worum geht's denn nun?!".

Nein, zwischen den strahlend weißen Zahnreihen dieser vergnügten Kenianer hervorgestoßen klingt das blitzschnelle „Eh!" wie eine bewundernde Bestätigung, die so viel bedeutet wie: „Na so was! Erzähl! Genau!".

Ich gebe meinem Schaukelstuhl aus abgewetztem Rattanrohr einen Schubs und komme mir vor wie Robert Redford in „Jenseits von Afrika". Karen Blixen, gespielt von Meryl Streep, gespielt von meiner Frau, setzt sich im Schlafanzug neben mich und möchte bitte auch eine Tasse heiße Zuckermilch mit Teegeschmack. Sie deutet auf all jene riesigen, herrlich dichten Bambusstauden und Tamarisken talabwärts, die ich noch gar nicht bemerkt habe, und dann sagt sie: „Hier also kommt der her."

Ja, irgendwo hier wurde er geboren. In seinem Pass steht: am 12. Mai 1960. Aber dieses Datum hat er ebenso frei erfunden wie den Geburtsort. Seine Eltern waren damals noch Nomaden, die ganzjährig irgendwo zwischen dem Viktoriasee im Westen und der Serengeti im Süden ihren Kuhherden folgten. Sie besaßen kaum mehr Hausrat, als man auf dem Rücken tragen kann, und weniger Bargeld, als ein Schüler zum Busfahren braucht. Geburtsdatum? Meldepflicht? Wer braucht so was, wenn alle wissen: Die erste Frau des Sippenchefs hat ihren ersten Jungen zur Welt gebracht!

Aufgewachsen ist er an den jeweiligen Weideplätzen in einer Boma, jenen winzigen Dörfern schulterhoher Rundhütten aus Knüppelholz und Dorngestrüpp, die so niedrig sein müssen, dass eine Frau mit ausgestrecktem Arm noch den Scheitelpunkt des Daches mit getrockneten Dungfladen abdecken kann. Als

Teppich bei Tag und Matratze bei Nacht lagen Kuh- und Ziegenhäute auf dem Boden – selten so gründlich gegerbt, dass sie nicht intensiven Geruch verbreiteten und zahllosen Insekten, Krabbeltieren und Läusen ebenfalls Quartier boten.

Oles Großvater wanderte Ende der 50er-Jahre an die Grenzen zu den Stammesgebieten der bäuerlich sesshaften *Luo* und der handwerklich sesshaften *Kisii*. Das war, wie sich bald herausstellen sollte, ein Fehler. Zunächst aber rettete der Ortswechsel dem vierjährigen Ole das Leben: Denn als sein Nasenbluten nicht aufhören wollte und er infolge des Blutverlustes bewusstlos wurde, konnte ihn sein Vater ins nahe gelegene *Caplong Catholic Mission Hospital* nach Sotik bringen, wo der Kleine schnell wieder auf die Beine kam.

„Es gibt Kinder, die beim Anblick einer Nonne sofort weinen", sagt Sami und setzt die leere Teetasse ab, „weil sie die erste Spritze ihres Lebens von einer Frau in diesem Outfit bekamen."

„Hat Ole geweint, als sein Vater ermordet wurde?", frage ich.

„Bestimmt nicht", ruft der Gärtner im Gehen über die Schulter zurück, „er ist doch der Erstgeborene eines Stammesältesten, eines *Laiboni*!"

Hinter uns, im Ferienhaus, hören wir Wasser rauschen, hören emsiges Geklapper aus der Küche und durchdringendes Gelächter aus dem Wohnzimmer. Professor Dr. Ole-Morompi Ronkei betritt die Terrasse. Ein Massai und höchstens 1,65 Meter groß. Statt Wolldecke trägt er ein gebügeltes Hemd. Statt eines Speers trägt er ein Handy. Und statt in die Luft zu springen, umarmt er meine Frau.

„Guten Morgen! Schaut euch das an: Die Kühe lächeln!"

Arme Kinder, reich im Kopf

Womit ein Mann seine Bedeutung unterstreicht – o. k., das ist seine Sache. Ein repräsentatives oder auch nur stilvolles oder sagen wir wenigstens funktionales Büro ist es jedenfalls nicht, mit dem der Schulrektor der „Primary School" hier im Massai-Dorf Enoosaen Eindruck machen will. Wir besuchen ihn, weil Ole Ronkei hier von 1968 bis 1972 zur Grundschule ging.

Ein dunkler Abstellraum mit unverputzten Wänden, an denen teils vergilbte, teils eingerissene Poster befestigt sind, die für Sportgeräte, Zahnpasta und Mobiltelefone werben. Doch, halt, hinter mir hängt das kleine Plakat eines Schulbuchverlages – na ja, immerhin.

Unter zwei Schwarz-Weiß-Fotos von Staatsgründer Jomo Kenyatta und dem aktuell amtierenden Präsidenten Mwai Kibaki stehen ein schrundiger, rauer Holztisch, ein klappriger Plastikstuhl, mehrere Säcke undefinierbaren Inhalts und, auf der Erde, von Staub bedeckte Papierstapel. Auf dem Tisch liegen, ebenfalls sandig, jede Menge Schulhefte. Falls das unkorrigierte Arbeiten sind, wurden sie in den 80er-Jahren geschrieben, schätzungsweise.

„Treten Sie ein!", sagt der untersetzte Mann im schlecht sitzenden, fleckigen blauen Anzug. „Hier residiere ich." So nennt er das – residieren.

Wie kann sich ein gebildeter Mensch in dieser Rumpelkammer wohlfühlen, denke ich und rufe mich sofort zur Ordnung: *Was*

jemand „wohnlich" findet, ist ja wohl seine Sache. Und bezeich-
nenderweise gibt es in vielen Sprachen der Welt kein Wort für un-
sere deutsche „Gemütlichkeit". Aber, mit Verlaub, wenn er das ein-
zige Fenster mal putzen würde, fiele auch mehr Licht ins Zimmer.
Und wenn man die Möbel anders hinstellen würde, fiele dieses
Licht sogar auf den Schreibtisch!

„Wir haben zurzeit 584 Schüler von der ersten bis zur achten
Klasse, unterrichtet von 13 Klassenlehrern …", informiert uns der
Mann, da klopft es und eine Frau mittleren Alters steckt den Kopf
zur Tür herein. „Nicht jetzt!", schallt es ihr barsch entgegen.

Aha, der Chef.

Meine Frau hat derweil nachgerechnet: „Aber dann müssen
das ja Klassen mit über 40 Kindern sein?"

„Mit jeweils 65 bis 70 Kindern", korrigiert sie der Direktor,
„denn vier von den dreizehn Lehrern werden nicht vom Staat,
sondern von den Eltern bezahlt und arbeiten deshalb nur in
Teilzeit."

Wir drängen ins Freie, genießen die frische Bergluft und dürfen in eine dieser Massen-Klassen hineinschauen. Mucksmäuschenstill, aber mit leuchtenden, sprechenden Augen mustern
uns die Kleinen auf ihren niedrigen Zweier-Pulten vor abge-
schrägter Schreibfläche samt Ablagerinne für die Bleistifte. In
dieser Klasse tragen alle grüne Pullover über hellgrünen Hemden und blaue, halblange Hosen. In den höheren Klassen dann
braune Pullover bei offenbar freier Wahl der Hosenfarbe.

„Solche Pulte haben wir zuletzt am Bodensee im Schulmuse-
um Friedrichshafen gesehen, weißt du noch?"

Von dieser Erinnerung meiner Frau inspiriert, schaue ich
noch einmal genauer auf das Lehrerpult. Tatsächlich: Akkurat
parallel zur Tischkante ausgerichtet liegt da ein dünnes, armlan-
ges Weidenstöckchen … Und vermutlich kommt es auch zum
Einsatz.

„Unterrichtssprache in den Klassen eins und zwei, also bei den Sechs- und Siebenjährigen, ist *Ki-Massai*", erklärt uns die freundlich-schüchterne Lehrerin, „erst danach kommen *Ki-Swahili* und Englisch dazu. Die Grund- und Hauptschule geht bei uns bis zur achten Klasse und ist seit 2003 kostenlos", ihre Augen leuchten jetzt noch eine Spur heller, „anschließend kann man dann die – allerdings kostenpflichtige – vierjährige weiterführende Schule in der nächstgelegenen Kreisstadt besuchen und dann …"

Dann scheitern auf süddeutschen Turbogymnasien nach 12 Jahren viele Jugendliche am zu schnell herbeigepaukten Abitur, denke ich.

„… kommen vier Jahre *Highschool* irgendwo im Land dazu, wobei die letzten zwei Jahre schon nach dem beabsichtigten Studienfach gestaltet werden können, um einen fließenden Übergang an die Universität zu ermöglichen."

Mir fallen zwei, drei Freunde ein, die als Professoren an deutschen Universitäten oder Fachhochschulen genau diesen geebneten Übergang vom Abitur zum Erstsemester bei ihren Studenten vermissen.

„Das ist aber eine lange Schulzeit", sagen wir, beinah gleichzeitig, und die Lehrerin nickt: „Ja, sicher. Aber wegen des Schulgeldes und der Entfernungen steigen viele Kinder schon nach der *Primary School* aus. Trotzdem – schauen Sie doch nur, wie viele wir sind!" Jetzt strahlen ihre Augen wie aufgeblendetes Fernlicht und ein paar Schüler heben den ausgestreckten Daumen.

Erst draußen, zwischen den geduckten ziegelroten Schulgebäuden mit ihren blauen Dächern, auf einer riesigen Rasenfläche, die man als landschaftlich schönsten Schulhof bezeichnen könnte, verstehen wir den Stolz dieser Frau und ihres Direktors: Was bei uns jede vernünftige Lehrerin als unakzeptable Klassengröße ablehnen würde, ist hier ein Zeichen des Erfolgs. Je mehr Kinder überhaupt zur Schule gehen, desto besser. In Kenia besteht zwar offiziell eine allgemeine Schulpflicht, aber etwa die Hälfte der Massaifamilien in dieser Gegend hält sie für unnötig. Schließlich werden die Mädchen zum Ziegenmelken und die Jungen zum Kühehüten gebraucht …

Ole Ronkei hat zwischen den Schulgebäuden und – typisch – einer Herde Kühe auf uns gewartet. Er ist von etwa zwei Dutzend Kindern umringt. Irgendwie zieht er sie an wie ein Clown mit Bonbontüte.

„Es haben sich nur ein paar Gebäude und das Personal geändert. Die Atmosphäre ist immer noch die gleiche!", ruft er uns lachend von Weitem zu, senkt aber sofort die Stimme und wird ernster, als der Direktor dazukommt und ihn nach seinen Erinnerungen fragt.

„Erinnerungen? Na ja, Schülerstreiche, Peinlichkeiten, Sportfeste, das Übliche halt. Wie schwer ich mich in Mathe tat. Aber, um ehrlich zu sein: Als ein typisches Nomadenkind wusste ich nicht genau, warum ich hier herumsaß. Ich hatte ständig Sorge, meine Familie könnte inzwischen unsere Bomas geräumt haben und ohne mich weitergezogen sein. Außerdem: Ole Ntayia, mein Großvater, schickte mich doch überhaupt nur deshalb nach Enoosaen zur Schule, weil man ihm erklärt hatte, dass Kenia nun unabhängig sei, also keine britische Kolonie mehr, und dass Jomo Kenyatta, unser erster Präsident, befohlen hatte: Aus jeder Familie müsse mindestens ein Kind zur Schule gehen! Das leuchtete Großvater zwar nicht ein, aber als *Laiboni*, also Clanführer, wollte er dem großen Chef im fernen Nairobi gehorchen. Schließlich hatte Kenyatta im Kampf gegen die weißen Besatzer gesiegt. Bloß, welches Kind schickst du weg, wenn du fünf Frauen hast und sieben Kinder? So betrachteten wir in den 60er-Jahren nämlich die Schulpflicht: als Weggeschicktwerden!"

Der Schuldirektor rückt seine rote Krawatte über dem blauen Hemd zurecht und schaut zu Boden. Gerne würde ich ihn fragen, ob es diese Einstellung bei den Massai-Eltern heute noch gibt.

Aber Ole hat sich in Fahrt geredet: „Du wählst das Kind aus, das zum Kühehüten körperlich eh zu mickrig ist. Das vor jeder Hyäne weglaufen wird. Aus dem nie ein stattlicher Krieger wird. Den klein gebliebenen Ole Ronkei, den schickst du weg, klemmst ihn in eine Holzbank, wo er mühsam die Sprache der Weißen lernen muss. Warum eigentlich, fragt sich das Kind. Wo wir doch die Engländer gerade vertrieben haben! Ich fühlte mich ...", jetzt grinst er plötzlich und schaut weit über die grünen Bergrücken hinweg ins Endlose, „ich fühlte mich als das schwarze Schaf der Familie."

Wir müssen ein bisschen lachen, dass auch Afrikaner diesen Ausdruck verwenden.

„Zwei meiner drei Brüder sind heute noch Analphabeten. Und sagen, sie vermissen nichts. Was für ein unfassbares Geschenk Gottes ich bekam, dass ich lernen durfte – das hab ich doch erst bei Geoffrey Griffin kapiert. Erst dieser Lehrer ...", jetzt schaut der Dorfschulrektor im zerknitterten Anzugblau wieder zu Boden und irgendwie tut er mir ein bisschen leid, mit besseren Pädagogen verglichen zu werden, „... hat in mir den Willen zur Bildung geweckt, den Ehrgeiz, was zu lernen, was zu werden, die Grenzen zu verschieben."

Den kleinen Kindern ist es unterdessen zu langweilig geworden, sie laufen zurück ins Schulgebäude. Ole Ronkei zieht tief die Morgenluft ein und merkt, dass er ins Predigen geraten ist.

„Wie hat dieser George ...?", frage ich.

„Geoffrey. Geoffrey Griffin."

„... es geschafft, dass es bei dir Klick gemacht hat? Davon träumen doch alle Eltern, dass ein Lehrer bei ihren Kindern den entscheidenden Schalter findet."

„Das war nicht hier in Enoosaen, das war erst im Internat in Nairobi. Er stellte mich einem italienischen katholischen Priester vor, bei dem wir Religionsunterricht haben sollten, und sagte: ‚Dieser Junge ist arm. Aber er ist reich im Kopf.‘"

Was man im Bus so plaudert

Wie ein britischer Pädagoge und ein italienischer Priester den „Reichtum im Kopf" dieses armen Massaijungen entdeckten, das begann zufällig, könnte man sagen. Aber *Zufall* ist ja manchmal „einer der Künstlernamen Gottes", wie der Schriftsteller Mark Twain meinte.

Noah N'taya sitzt im Überlandbus von Nairobi nach Kilgoris. Es ist der März des Jahres 1972. Auf der Serpentinenstrecke runter ins Rift Valley wird ihm immer ein wenig übel, und 350 Kilometer Strecke bei 40 Grad Außentemperatur sind auch für ihn, den Bodyguard des Vizepräsidenten, körperlich strapaziös. „Aus Massaimännern kann man bestenfalls Soldaten bei Tag und Wächter bei Nacht machen" – diese unter britischen Kolonialoffizieren gängige Einschätzung haben die schwarzen Herrscher Kenias offenbar übernommen: Noah wurde erst zur Polizei und dann zur Leibgarde eines jungen Politikers eingezogen, dessen Name zu diesem Zeitpunkt noch kaum jemand kennt: Daniel Arap Moi.

Noah N'taya ist einer der jüngeren Zwillingsbrüder von Ole Ronkeis ermordetem Vater, dem Clanchef Ole Komintai. Ole Ronkei wächst als Halbwaise auf. Noah ist sein Onkel und der Schwager der jungen Witwe. Weil bei den Massai aber die Kinder immer dem Vater „gehören" und im Todesfall an dessen männliche Verwandte „vererbt" werden, sagen die Kinder zu Noah nicht Onkel, sondern *Juniorvater*. So fühlt sich Noah auch:

als verantwortlicher Ersatzvater, der demnächst entscheiden muss, ob der kleine Ole Ronkei die Grundschule in Enoosaen verlässt und Kühe hüten geht, oder ob man ihn auf eine weiterführende Schule schickt. Die würde aber Schulgeld kosten und Fahrgeld in die Stadt und Bücher und dauernd neue Schuluniformen, weil der Knirps ja schließlich wächst.

Hinter den malerischen Bergen, auf die der altersschwache Bus jetzt zufährt, hält man Noah N'taya zwar für einen gemachten Mann, der bei der Regierung sicher säckeweise Geld verdient, aber das stimmt natürlich nicht. Noah ist ganz unten in der Hackordnung. Erst recht als Massai. Bei den *Kikuyu* und den *Luo* in den Kasernen gehen die Soldatenwitze so: Warum springen die Massai, wenn sie tanzen? Damit man sie im hohen Gras von Giraffen unterscheiden kann. Warum malen sie sich den Hinterkopf ockerbraun? Damit man sie von rosa Pavianärschen … usw., usw.

„Entschuldigen Sie …"

Der halbwüchsige Teenager auf der anderen Seite des mit Säcken und Koffern vollgestellten Ganges im Bus hat sich nach vielen scheuen Blicken endlich ein Herz gefasst.

„… Sie sind ein General, nicht wahr?"

Na, wenigstens die Kinder zollen einem Massai in Uniform Respekt.

Noah lacht: „Nein, ich bin Soldat, aber im Präsidentenpalast! Und du? In welcher Schule trägt man rote Hemden mit schwarzer Krawatte?"

„Ich bin auf der *Starehe Boys School* für Bedürftige."

Starehe? Noah weiß, dass dies ein heruntergekommenes kleines Viertel von Nairobi ist. Schlammiger Boden, winzige Häuschen aus schwarzbraunen Ziegelsteinen – sogenannte *Brick Flats*, wie sie auch in nordenglischen Bergarbeitersiedlungen zu finden sind. Früher wurden sie bewohnt von untergeordneten britischen Kolonialbeamten, die jedoch nach den Terroranschlägen der Mau Mau im Unabhängigkeitskrieg weggezogen sind.

„So bedürftig siehst du aber gar nicht aus."

„Ich kriege ja auch alles bezahlt! Von meinen Sponsoren."

„Von wem?"

Während der Junge mit wachsender Ausführlichkeit von dem Leben eines wohlversorgten Internatszöglings erzählt, dessen Finanziers im fernen Europa wohnen und die er offenbar nicht einmal persönlich kennt, muss sich Noah zum Zuhören zwingen. Er ist müde, ihm ist übel vom Busgeschaukel und beim Geschnatter des Schülers kommt ihm gerade eine Idee.

Das Geld, das er bei Vizepräsident Daniel Arap Moi verdient, sollte er sinnvollerweise in die Zukunft der ganzen Familie investieren und nicht in ein einziges von vielen Kindern. Man sollte es schon gar nicht irgendwelchen Schulbürokraten in den Rachen werfen, die nutzloses Zeug unterrichten. Und Enderesai, die zweitgeborene Tochter derselben Mutter, will dann womöglich auch auf eine weiterführende Schule.

Außerdem: Seit dem tragischen Tod seines Bruders, Ole Komintai, hat die Sippe aufgehört zu wandern. Statt in niedrigen runden Knüppelholz-Lauben wohnen einige bereits in quaderförmigen Lehmziegelhütten. Wenn seine Großfamilie aber nicht mehr im Wechsel der Jahreszeiten der Herde hinterherzieht, sondern ortsfest bleibt, dann werden die Kühe in konzentrischen Kreisen immer weiter weggeführt werden müssen. Das wiederum erfordert stärkere, reifere Jungen, als der kleine Ole Ronkei einer ist.

„Schön für dich. Glückwunsch. Hoffentlich fordern deine europäischen Sponsoren das Schulgeld nicht zurück, wenn du fertig bist. Vielleicht wollen die Weißen ja jetzt Hausboys mit Highschoolabschluss … Sag mal, gibt es auch Massaikinder in Starehe?"

„Ja, zwei. Einen aus Narok und einen aus dem Transmara-Distrikt. Unser Schulleiter, Mr Griffin, will aber unbedingt noch mehr Massaikinder aufnehmen."

„Warum?"

Der Junge lacht und schüttelt den Kopf. Eine Verlegenheitsgeste.

Und Noah weiß genau, was das Kerlchen nicht aussprechen will: Weil ihr Massai die bedürftigsten der Bedürftigen seid oder, wie die Erwachsenen immer sagen, bestenfalls als Soldaten und Nachtwächter zu gebrauchen seid. Nix in der Birne, aber schnell mit dem Speer. Die pädagogische Nagelprobe für jeden Lehrer sozusagen.

Als sich Noah N'tayia bei seinem nächsten Dienst in Nairobi die *Starehe Boys School* anschaut und mit der Sekretärin spricht, gibt sie ihm eine enttäuschende Antwort: „Das Schuljahr hat bereits im Januar begonnen. Wir haben bereits März, mein Herr. Wir müssten für Ihren Neffen ad hoc einen Sponsor für Kost, Logis und Unterricht finden. Mr Griffin müsste eine Ausnahme machen. Ihr Neffe müsste den Unterrichtsstoff in kürzester Zeit nachholen, also, ich weiß nicht … Und selbst wenn die ersten beiden Voraussetzungen erfüllt wären, wie benachrichtigen wir Sie denn?" Die Sekretärin lacht gekünstelt. Ein Zeichen, dass ihr irgendwas peinlich ist.

Noah weiß genau, was sie eigentlich sagen will: Ihr Nomaden habt doch eh keine Postanschrift, unter der man euch erreicht. Und wenn ihr einen Brief bekommt, dann könnt ihr ihn nicht lesen.

Überraschung bei der Spurensuche

Der steinalte Internatsarchivar der *Starehe Boys School* in Nairobi hat was von Miss Marple, wäre er nicht ein Mann. Und sein prüfender Blick macht ihr alle Ehre. Warum sollte er einem wildfremden Journalisten aus Europa vertrauen, der plötzlich in seinem Büro steht und um Herausgabe der Akte Ronkei bittet?

Haben Sie schon mal auf einer deutschen Behörde um eine Akteneinsicht gebeten? Eine millionenteure Verwaltungssoftware sorgt dafür, dass der „Schalterbeamte im Publikumsverkehr" keinen Zugriff hat. Wo kämen wir denn da hin. Sein Vorgesetzter auch nicht, es sei denn, er findet Sie sympathisch und verändert kreativ sein Passwort. Dessen Vorgesetzter rührt ohne ausgefüllte Antragsformulare, beglaubigte Abschriften, polizeiliches Führungszeugnis, Sozialversicherungsnummer und Schuhgröße des Antragstellers sowieso keinen Finger. Haben Sie alles beisammen und bekommen Sie sogar einen Termin beim Vorgesetzten aller bisherigen Vorgesetzten, dann wird der das System hochfahren und, nach etwa zwanzig Minuten, feststellen, dass das Jahr 1972 noch nicht digital erfasst ist.

Der freundliche alte Herr im Sekretariat der *Starehe Boys School* von Nairobi dagegen – er nickt gleich bei dem Stichwort „Ronkei", deutet eine Verbeugung an, dreht sich zu den riesigen alten Aktenregalen um und greift zu. Paff, da liegt sie vor mir: die Mappe Nr. 4654/72: „Joseph Morompi Ronkei".

„Manches geht in Afrika schneller als bei uns", sagt meine Frau.

„Und wie!", sage ich und wende mich dem Archivar zu: „Wieso Joseph? Joseph Ronkei?"

„Der Junge …, warten Sie, hier steht es, … der Junge kam von einer Grundschule in katholischer Trägerschaft zu uns. Ein Massai, nicht wahr? Bei denen ist es schwierig mit den Vor- und Nachnamen. Ihre Väter heißen manchmal völlig anders. Man hat damals die Jungen aus katholischen Grundschulen einfach als Joseph und die Mädchen als Maria registriert."

Das wundert den wackeren Lordsiegelbewahrer kein bisschen. Aber Oles Einschulungsdatum wundert ihn: „Nanu? 15. Mai 1972? Da hatte das Schuljahr doch bereits begonnen. Muss ein begabtes Kerlchen gewesen sein, schauen Sie, hier: nur Bestnoten im ersten Zeugnis. Und 1974 hat er sich für *Arts*, den geisteswissenschaftlichen Zweig, entschieden statt für *Science*, den naturwissenschaftlichen, obwohl er im Jahr vorher noch eine Eins in Chemie hatte."

Er dreht die Mappe zu mir herum und ermuntert mich, darin zu blättern. Ole Ronkei steht irgendwo draußen auf dem Gelände und plaudert mit einem alten Bekannten. Er weiß natürlich, was ich suche, und ist völlig einverstanden. Trotzdem komme ich mir vor wie ein Schnüffler.

Englische Literatur, Geschichte, Erdkunde, Biologie, Wirtschaftskunde waren seine Hauptfächer. Kunst und Musik, Mathe und Religion hatte er als Nebenfächer. Außer in Mathe war er überall gut bis sehr gut.

„Und das während der Pubertät", bemerkt meine Frau, „hier, 1976, da war er ungefähr 16."

„Gab es hier keinen Sportunterricht?", wundere ich mich.

Der Archivar lacht schallend. „Und wie! Aber doch nicht als Unterrichtsfach. Sport machen *Starehe Boys* jeden Tag, so ein bis zwei Stunden lang. Kricket, Rasenhockey, Fußball, Schwimmen, Leichtathletik. Es gehört zu ihrer Entwicklung, zum Alltag. Das kann man ja nicht benoten, oder?"

Im antiken Mobiliar dieses Schulsekretariats hätte man auch die „Feuerzangenbowle" mit Heinz Rühmann drehen können, denke ich. Wären da nicht die vielen eingerahmten Schwarz-Weiß-Fotos an der Wand: Prinzessin Anne zu Besuch, Robert Kennedy zu Besuch, Staatsgründer Jomo Kenyatta eröffnet irgendwas, Bischof Desmond Tutu aus Kapstadt hält einen Gottesdienst, Lady Diana und Prinz Charles verleihen Preise an die Boys.

„In die Schulen unserer Kinder", flüstert die Mutter unserer Kinder, „kamen immer nur Dorfbürgermeister und lokale Berufsberater ..."

Zum zweiten Mal an diesem Morgen dämmert uns, dass Ole Ronkei, der Massaijunge aus einer Kuhhirtenfamilie, auf einen Schlag in das absolute Fünfsterne-Internat Kenias katapultiert worden war. Das erste Mal hatte ich den Eindruck, als wir im Auto vor dem schmiedeeisernen Tor zwischen den Pförtnertürmchen im Stil des Londoner Buckingham-Palastes standen und Ole die Scheibe herunterließ, um nur zwei Worte zu sagen: „Old Boys."[1] Das genügte offenbar, denn sofort öffnete sich wie von Geisterhand das automatische Tor, und wir fuhren im Schritttempo über blitzblank gefegte Asphaltwege und geharkte Gartenpfade, vorbei an akkurat getrimmten Hecken und Rasenflächen, die mit der Nagelschere gemäht sein mussten. Blumenrabatten, Yacaranda- und Bouganvillebüsche, Tamarisken, Akazien, ein paar Riesenkakteen und gedrungene Palmen bildeten den afrikanisch-botanischen Hintergrund für halbrund geschwungene Reihen mit Reet gedeckter Cottages und ziegelroter Häuschen.

---

[1] Old Boys ist der Spitzname für die Ehemaligen der Schule.

„Ein Dorf in Sussex", entfuhr es mir.

„Hier wohnen die Abschlussjahrgänge und die Lehrer", sagte Ole, „ich habe sechs von neun Schuljahren dort drüben gewohnt, in den Wohnheimen."

Dann hatte uns ein alter Mann entdeckt und begeistert mit den Armen gefuchtelt, während wir von Ole vor dem Sekretariat abgesetzt worden waren. Nun hatte er Zeit, sichtlich bewegt seinen Freund zu begrüßen.

Der Archivar hat die Mappe wieder zu sich gedreht und blättert mit hochgezogenen Augenbrauen darin: „Schauen Sie, fast in jedem Schuljahr hat er Ehrenämter übernommen. Er war Haussprecher vom Chaka-Wohntrakt, er hat den Pausenhofkiosk betreut, das Schülercafé, er war Gruppenführer bei den Pfadfindern bis rauf zu den Lions. Und was ist das hier …?" Er stutzt und beugt sich noch näher über die vergilbten Dokumente, die eng mit der Schreibmaschine beschrieben sind: „Von September 1977 bis November 1980 gab es in seinem Wohnheim einen christlichen Bibelkreis? Jeff Lyford, Amerikaner, Navigatoren, steht hier. Von Mr Griffin persönlich abgesegnet. Sagt Ihnen das was?"

Ja, das sagt mir was. Die Navigatoren sind eine internationale missionarische Studentenbewegung. Den Rest wird uns Ole selbst erzählen.

Plötzlich klappt der Archivar die Mappe zu, legt beide Hände gefaltet darauf ab und sein Blick wird seltsam streng: „Wünschen Sie sonst noch weitere Informationen?"

Aha, die Sitzung ist beendet. Wir stehen auf, denn wir wollen den Herrn Schulsekretär ja auch nicht allzu lange beanspruchen, da fällt es mir siedend heiß ein: „Und wer hat ihm nun diese Eliteschmiede bezahlt?!"

Jetzt scheinen sich seine Gesichtszüge wieder zu entspannen. „Ach so", sagt er und blättert Mappe 4654/72 noch mal auf. „Hier ist eine Miss Grete Birkholm, Soeborg, Denmark, von der Organisation *Red Barnet* vermerkt."

Noch während ich den Namen der Gönnerin abschreibe, will Mister Marple die Mappe schon wieder an sich nehmen. Warum diese Eile?

Meine Frau reicht ihm die Hand, wir bedanken uns und stehen bereits in der Tür, da stelle ich eine allerletzte Frage: „Ach, das Examenszeugnis – hab ich das übersehen?"

Der Archivar stellt die Mappe ins Regal zurück und schüttelt den Kopf. Leise und langsam, so als täte es ihm persönlich leid, sagt er: „Mr Ronkei hat sein Examen nicht bestanden. Zur Universitätsempfehlung fehlte ihm ein einziger Punkt."

Kenias Pestalozzi

„Heimweh wäre noch untertrieben. Ich war schwer krank vor Heimweh", sagt Ole. Neben ihm steht der alte Mann, der unseren Wagen beinah körperlich gestoppt hätte, als er erkannte, wer drinsitzt. „Ich bekam Durchfall, ein halbes Jahr lang. Den täglichen Maisbrei oder Reis mit Sauce, diesen typisch kenianischen ‚Ugali'-Papp, den vertrug mein Magen nicht. Als Massai hast du von Ziegenfleisch, Rindfleisch, Milch oder Blutsuppe gelebt, basta. Hier im Starehe-Internat gab es aber Gemüse, Salat, Obst und Toastbrot. Ich hasste es."

„Haben dich die anderen Schüler gehänselt? Den kleinen Hosenschisser?", frage ich ihn.

„Niemals! Sie wären für so was von der Schule geflogen."

„Ein Jungeninternat ohne Mobbing und Quälereien? Gibt es nicht!". Ich sage das eine Spur zu bestimmt. Als wäre ich je auf einem Internat gewesen.

„Doch, hier", pflichtet der alte Mann im grauen Anzug Ole bei. Er heißt Joseph Kamiru Gikubu, war Konrektor in Starehe und erklärt uns auf dem Weg über das wunderschöne Internatsgelände das Konzept seines lebenslangen Weggefährten Geoffrey Griffin: „Geoffrey war der Sohn eines britischen Polizisten in Eldoret. Ordnung und Disziplin hat er mit der Muttermilch aufgesogen und den Rest seines Lebens ein- und ausgeatmet. Dann fing der Guerillakrieg gegen die Briten an. Das Kikuyu-Wort für „Raus hier" lautet Umauma. Die Weißen drehten das um und nannten die Aufständischen *Mau Mau*-Kämpfer. Am 20. Oktober 1952 verhängte London das Kriegsrecht über Kenia und Geoffrey wurde zum Militär eingezogen – mit 19. Er kam in ein Bootcamp nach Simbabwe, damals noch Süd-Rhodesien, wo man den Jungs die Arschfalte glatt bügelte, so nannten sie das damals. Sadistischer Drill von Folteroffizieren, die ihre Rekruten mit Angst und Strafe darauf abrichteten, selber foltern zu können. Geoffrey überlebte, verließ die Armee und schwor sich, niemals und nirgends mehr Demütigungen zuzulassen."

„Aber der Buschkrieg war zu diesem Zeitpunkt doch noch in vollem Gange."

„Ja, sicher. Geoffrey hoffte auf ein stilles Leben als Verwaltungsbeamter. Und wo steckten sie ihn hin? In die Leitung des Kriegsgefangenenlagers Manyani! Da hat er erst mal alle Gefangenen aussortiert, die jünger als 16 waren, und hat mit ihnen in Wamumu ein sogenanntes Rehabilitationscamp eingerichtet. Mehr als 1000 Jugendliche waren das. Kriegstraumatisierte Kindersoldaten."

„Und was macht man mit 1000 gewaltbereiten Teenagern?"

„Den Busch roden, Äcker anlegen, Hütten bauen, Wasserversorgung installieren, Viehhaltung lernen und abends Baraza, so nannte Griffin die tägliche Ausspracherunde. Jeder durfte sagen, was ihm stinkt. Nach strengen Gesprächsregeln – keine Beleidigungen, kein Geschrei –, aber ohne Tabus. Schwarze Partisanen machen Verbesserungsvorschläge und weiße Soldaten hören ihnen zu, können Sie sich das vorstellen? Nach einem halben Jahr haben sie den Stacheldrahtzaun abgebaut, nach einem Jahr die 200 Wächter nach Hause geschickt und nach eineinhalb Jahren eine Schule gebaut."

Herr Gikubu schaut uns beim Gehen von der Seite an, als wolle er prüfen, ob wir ihm auch glauben.

„Und eine Kirche in Wamumu mit 500 Sitzplätzen", fügt Ole

Ronkei hinzu, „woraufhin der letzte britische Kolonialgouverneur, Sir Everlyn Barring, 1956 eine Generalamnestie für die jugendlichen Mau-Mau-Gefangenen verkündete und man erst da feststellte, dass nur 60 von ihnen wirklich Mörder waren."

Wir sind mittlerweile an der *Chapel* des *Starehe-Centers* in Nairobi angekommen, einer großen Kirche im Stil der 60er-Jahre, deren achteckiger, heller, gekachelter Innenraum mit etwa 350 Sitzplätzen uns zunächst verwirrt. Ist dies eine evangelische oder eine katholische Kirche? Oder gar eine jüdische Synagoge? Kein Kreuz, aber ein Altar mit Bibel und Kerzen. Kein Weihwasserbecken und kein Tabernakel, aber ein ewiges Licht. Die roten Liederbücher enthalten pietistische Erweckungshymnen des 19. Jahrhunderts, wie sie selbst in deutschen Freikirchen nur noch beim Wunschliedersingen im Seniorenkreis vorkommen: „Vorwärts, Christi Streiter", „Welch ein Freund ist unser Jesus", „Wenn Friede mit Gott meine Seele durchströmt". Nach den Weihnachtsliedern – „Herbei, o ihr Gläubigen" – folgt, natürlich, die kenianische Nationalhymne: „O God of all creation, bless our land and nation."[2]

Die Gottesdienste hier sind ökumenisch. Für die muslimischen Schüler, die Starehe auch hat, gibt es auf dem Gelände eine eigene Moschee.

Joseph Kamiru Gikubu und Ole Ronkei sind auffällig zögernd stehen geblieben und schauen einander wie traumverloren an.

„Der Höhepunkt von neun Jahren in Starehe ist immer die Aussendungsfeier, der Abschiedsgottesdienst für die Schulabgänger", sagt Ole.

Und zum ersten Mal, seit wir uns kennen, habe ich den Eindruck, dass er um Fassung bemüht ist.

„Und der Höhepunkt dieses Höhepunkts war", fügt Kamiru

---

[2] Deutsch: Oh Gott der ganzen Schöpfung, segne unser Land und unser Volk.

Gikubu hinzu, „wenn Geoffrey Griffin uns in die Pflicht nahm. Er sagte jedes Jahr wortwörtlich das Gleiche. Kannst du's noch?"

Ole nickt, aber er will oder kann es im Moment nicht mitsprechen.

„Ich verpflichte euch, nie zu vergessen, was ihr hier Gutes empfangen habt. Ich verpflichte euch, entsprechend euren Gaben nun anderen zu helfen, dieselben Privilegien der Bildung und Reifung zu bekommen. Vergesst nie, mit eurem Verhalten dem allmächtigen Gott im Himmel Ehre zu bereiten und dem guten Ruf von Starehe gemäß zu leben. Möge euch Gott auf euren Wegen segnen und euch in der Kenntnis und in der Erfahrung seiner Liebe bewahren. Heute, morgen und in Ewigkeit." Kamirus Worte hallen durch die Kirche und machen lebhaft vorstellbar, wie viele Tränen bei dieser sogenannten *Charge* des alten Griffin geflossen sein mögen.

Ole ist verschwunden. Mein suchender Blick fällt auf ein Bodenmosaik in Form eines Kompasssterns. Darin ist das Motto von Starehe zu lesen: „Glücklich, wer seinen Traum verwirklichen kann und den Preis dafür zu zahlen bereit ist."

Hm. Gut, dass mal einer sagt: Träume zu verwirklichen, hat seinen Preis.

Andrerseits: An die Seligpreisungen Jesu in der Bergpredigt kommt der Spruch nicht dran, finde ich.

Auch draußen, auf der großen Rasenfläche mit der obligatorischen kenianischen Fahne, kein Ole Ronkei in Sicht. Ist ihm das Ganze zu nahegegangen? Hätten wir seine Schulakte doch lieber nicht durchblättern sollen? Klemmt irgendwas zwischen ihm und seinem alten Lehrer Gikubu?

„Eigentlich wollten Sie mir erklären, warum hier niemand gemobbt wurde", sage ich, „nicht mal ein magenkrankes Massaibübchen."

„Ach ja. Kommen Sie, in der Cafeteria gibt's sicher einen Tee. Griffins Trick war so: Die Lehrer haben nur in der Klasse etwas zu sagen. Alle Bereiche außerhalb, von der Toilette über die Turnhalle bis zur Bibliothek, regeln die Schüler selbst, und zwar durch sogenannte Präfekte. Diese werden aber nicht von den Lehrern bestimmt – wer gut im Unterricht ist, muss deshalb noch nicht gut in Menschenführung sein – und auch nicht von den Schülern gewählt – die wählen oft irgendwelche Maulhelden –, sondern zum Präfekten wird man durch die Beobachtung und die Auswahl älterer Präfekten.

Diese Prozedur dauert etwa ein halbes Jahr. Das heißt: Erfahrene Oberstufenschüler müssen miteinander übereinkommen, wen von den Jüngeren sie mit der Betreuung zum Beispiel eines Wohnheims mit 80 Schülern beauftragen. Der hat dann ein halbes Jahr Gnadenfrist – so heißt es tatsächlich: *grace period* – und in dieser Zeit muss er seine fürsorglichen Qualitäten beweisen. Sie glauben ja gar nicht, wie ehrgeizig die Jungen darin sind, ein guter ‚älterer Bruder‘ zu werden!

Jeder Neuling, der vor Heimweh weint, oder jeder Kraftmeier, der hier die Regeln ignoriert, ist eine persönliche Herausforderung für die Jungen, fürsorglicher zu werden. Strafen machen Stress, Stress macht aggressiv und Aggression zerstört das Vertrauen. Dass wir, die Lehrer, unseren Präfekten vertrauen, merken sie daran, dass wir nie ihre Privatsphäre verletzen. Das bedeutet, dass wir nicht in die Zimmer gehen und nachschauen, ob sie sauber sind oder ob Bierbunker draus wurden. Nein, unsere Lehrerzimmer müssen für die Schüler stets offen sein. Ihre Zimmer für uns aber immer verschlossen.“

Es klingt zu schön, um wahr zu sein, denke ich.

Wir haben das kleine, von Buchsbaumhecken umrandete Café erreicht. Statt des ewigen Tees bestelle ich eine Tasse Kaffee. Die hochwertigen Bohnen von den Hängen des Mount Kenia sollen doch der Exportschlager des Landes sein, heißt es. Nach dem ersten Schluck verstehe ich, warum Kenias Außenhandelsbilanz jedes Jahr negativ ausfällt.

Joseph Kamiru Gikubu merkt weder dies noch unsere verstohlen suchenden Blicke nach Ole Ronkei und macht weiter: „Wer andere hänselt oder mobbt, weil er sich dann stark fühlt, hat offenbar zu wenige oder zu leichte Aufgaben. Erst die Bewältigung schwerer Arbeit oder schwieriger Aufgaben gibt ihm ein Gefühl der Stärke. Wer zu viele Aggressionen hat, spielt zu wenig Rugby. Vergessen Sie nicht, Griffin hat in Wamumu aus bewaffneten Kindersoldaten gute Schüler gemacht. Und, wenn ich das in aller Demut sagen darf, ein paar von ihnen sogar zu ganz leidlichen Lehrern wie mich."

Vom Terpentingeschmack der schwarzen Plörre abgelenkt, muss mich erst meine Frau darauf hinweisen, was dieser Mensch da eben gesagt hat!

„Sie …???"

„Ich war ein *Mau Mau*, ja. Ich habe in den 50er-Jahren Jagd auf Weiße gemacht. Und ausgerechnet bei einem weißen Kolonialoffizier habe ich das Lernen und das Leben gelernt. Griffin hat mich von Wamumu nach Nairobi mitgenommen, wir haben 1959 die Kriegswaisen und die Straßenkinder eingesammelt, eine Suppenküche für sie eingerichtet und dann Pfadfinderspiele angefangen. ‚Schule' durften wir das ja nicht nennen. Kein Lehrplan, keine Fachkräfte, keine staatliche Lizenz. War aber eine, von Anfang an." Jetzt lacht dieser Mann, und es klingt, als erinnere er sich an einen Schulbubenstreich. „Wir haben wegen mangelnder Nachweise unserer Wissenschaftlichkeit die finanzielle Unterstützung der schwarzen kenianischen Regierung verloren und sie erst in Prinzessin Annes *Save the Children*-Stiftung wieder erlangt. 1971, kurz bevor Ole hier ankam. Interessant, nicht wahr? Und Griffin hat in 45 Jahren Internatsleitung kaum eine Baraza-Runde ausgelassen."

„Diese abendlichen Aussprachen gibt es immer noch?"

„Aber klar. Oh, darf ich Sie ...", Herr Gikubu steht auf, ein weiterer beschlipster Anzugmann nähert sich, „... mit unserem Senior Master bekannt machen: Das ist Peter Ndungu."

Als der Herr Senior Master hört, dass wir aus Deutschland kommen, legt er sofort los: „Deutschland! Wunderbar! Da war ich schon! In Juber. Schöne kleine Stadt, nicht wahr?"

Ich will mal vorsichtig schätzen: Fünfunddreißig Jahre berufliche Reisetätigkeit haben mich in vermutlich jede deutsche Stadt ab 30.000 Einwohner gebracht. Seit 1990 auch in Ostdeutschland. Ein Ort namens „Juber" war bisher nicht dabei.

Peter hat unseren ratlosen Blick bemerkt. „Oder heißt es Juberlinge? An einem großen See jedenfalls."

„Sie meinen Überlingen am Bodensee?", bietet meine Frau an.

„Ja, genau. Das Internat Salem ist unsere Partnerschule. Wir haben so ein internationales Netzwerk von Schulrektoren. ‚Das runde Quadrat' heißt unser kleiner Club."

Ach nee. Zum dritten Mal an diesem Morgen dämmert uns, in welcher Liga die *Starehe Boys School* spielt. Salem! Das Edelinternat. Bewundert und beargwöhnt, manchmal umstritten, meistens beneidet. Wir setzen uns. Diesmal doch lieber wieder Tee, bitte.

Endlich. Ole Ronkei stößt zu uns. Zu unserer Erleichterung in offenbar bester Stimmung. Er ist beim Internatssekretär gewesen, unserem Mister Marple, dem Hüter der historischen Schätze. In der Hand hält er ein kleines Buch: *Kenias Meisterbettler Geoffrey Griffin* heißt es.

„Seine Autobiografie. Hab ich aus der Bibliothek geholt. Meisterbettler nannte er sich, weil er ein halbes Jahrhundert lang

Sponsoren für seine Schüler gesucht hat und Spenden sammelte. Am interessantesten für dich ist sicher sein Schlüsselerlebnis gleich am Anfang."

„Die grausame Militärausbildung im Bootcamp?", frage ich.

Nein. Spät am Abend kann ich lesen, was der Pädagoge seinen *Starehe Boys* niemals erzählt hat, Ole Ronkei nicht und nicht mal seinem Mitstreiter Kamiru Gikubu: „Während meines vierten Grundschuljahres in Kitale hatte ich mir angewöhnt, auf meinem Bett, dem oberen von zwei Stockbetten, zu knien und zu beten. Es war mehr eine Kauerstellung unter der niedrigen Zimmerdecke, aber ich wollte es so. Eines Abends, vor dem Schlafengehen, erfasste mich eine Gefühlswelle der Begeisterung, eine Art Vision, die ich nie vergessen werde. Ich betete und war von einer derart starken, warmen Gewissheit überflutet, dass der heilige Gott und himmlische Vater mich jetzt hört, dass er hier in diesem Zimmer um mich ist und ich in ihm geborgen bin – das war wie ein langsamer, wohltuender Stromstoß an Energie. Ich verrate Ihnen nicht, wofür ich gebetet habe, worum ich Gott bat. Das ist meine Privatsache. Aber ich kann Ihnen versichern: Das Gebet hat sich erfüllt, und es ist bis heute die Grundlage meiner Arbeit. Nach dem Amen stellte ich erstaunt fest, dass ich am ganzen Körper zitterte und offenbar geweint hatte. Ich war nass geschwitzt, fühlte mich erfrischt und erschöpft zugleich. Ich habe so etwas auch nie wieder erlebt. Aber bis heute gibt es mir Hoffnung und Mut, weiterzumachen."

Geoffrey William Griffin starb am 28. Juni 2005 im Alter von 72 Jahren. Rund 15.000 Kenianer folgten seinem Sarg. Einer der *Old Boys* von Starehe, 800-Meter-Läufer Paul Ereng, schenkte zu diesem Anlass seine Goldmedaille der Olympischen Spiele von Seoul dem greisen Kamiru Gikubu und sagte: „Gib sie Geoffrey, wenn du ihm folgst, o. k.?"

Liebe? Nur die eine!

Wir hatten Ole Ronkei zu uns nach Deutschland eingeladen. Im Jahr nach unserem Kennenlernen in Addis Abeba. Für ihn hatte sich ein kostenloser Zwischenstopp auf dem Weg von Nairobi nach Chikago ergeben. Und was zeigt man einem Massai im Schwabenland? Daimler, Porsche, Weinberge, Fachwerkhäuser. Doch was beeindruckte ihn am meisten? Das Kopfsteinpflaster in der Altstadt von Esslingen!

„Das gibt's ja nicht! Wer hat diese Zigtausend Steine alle in den Sand gedrückt?! Was für eine Wahnsinnsarbeit! So perfekt abgerundet und so exakt nebeneinander!"

Ein Afrikaner im Anzug, der sich flach auf die Straße legt, um Kopfsteinpflaster zu fotografieren – für ein paar Sekunden hoffte ich, dass uns kein Passant erkennt. Bei uns zu Hause hatte Ole die Bilder sofort in seinen Laptop gefüttert. Als er dazu einen Ordner mit dem Titel „Family, private" öffnete, erschienen ungefähr 50 Bilddateien. Gefühlte 150 einzelne Fotos – von Kühen.

Es gibt dunkelbraune, hellbraune und schwarz-weiß-gescheckte wie in Europa. Da stehen hagere und magere, da liegen wohlgenährte und fette, da springen ungelenk ein paar rostrote Kälber über die Weide. Dann kommen die Porträtfotos: frontal und nah, grasend, glotzend und wiederkäuend. Milchvieh, Rinder – Kühe halt. Weiter unten finden sich Gruppenbilder mit zwei bis fünf Kühen in gut fotografierter Halbtotale.

„Wir wollten eigentlich …", meine Frau hatte ihr Befremden verbergen müssen, „… mal deine Frau sehen."

„Ach so, ja, natürlich." Er schloss die Dateien, öffnete einen neuen Ordner. Zwei bildhübsche junge Damen und zwei keck grinsende Jungen lächeln in die Kamera.

„Das ist Namunyak, 18, und das ist Retoyia, 17. Meine Töchter", erklärte er uns. „Der Teenagerjunge hier ist Meitamei, 15, und unser Jüngster heißt Rampei, 10 Jahre alt."

Stimmt es also, dachte ich damals, *dass Massaimänner unverbesserliche Machos sind? Erst kommen die Kühe, dann die Kinder und, na ja, die Ehefrau gehört mehr so zum Hauspersonal?*

Es gab dann doch noch schöne Fotos von ihr. Und das schönste hatte er als kleines farbiges Hochglanzpassfoto in seiner Geldbörse bei sich.

Jetzt, wieder ein Jahr später, bei unserem Besuch hier in Nairobi, sind wir entsprechend gespannt – auf Mrs Ronkei.

Dass die Schlaglöcher in den unbefestigten Stadtstraßen von Nairobi auf unserem Weg zu den Ronkeis immer seltener werden und nach ein paar Abbiegungen sogar einer geteerten Oberfläche weichen, registrieren wir mit Erleichterung. Bei Ole dagegen scheint eine gewisse Anspannung zu entstehen, je näher wir seinem Haus kommen. Statt maroder Altbauten und schäbiger Wohnblocks, statt stinkender Abwassergräben und zugemüllter Bürgersteige säumen jetzt Alleebäume und Hecken den Straßenrand. Die Verkehrsdichte nimmt ab, das Stadtbild wird parkähnlich. Es gibt Fahrradwege, Zebrastreifen und breite Auffahrten zu Anwesen, die *Estate* oder *Manor* heißen. Klangvolle Namen in von unten indirekt beleuchteten schmiedeeisernen Buchstaben sind auf kleinen Natursteinmäuerchen zu lesen. Hinter Palmen und Buchsbäumen ahnt man verwunschene Landhäuser, auf deren Giebeln und Dachfirsten auch Mary Poppins oder Harry Potter sitzen könnten.

„Junge, Junge", entfährt es mir staunend.

Das ist deutsch, aber Ole hat es genau verstanden. Es ist ihm offenbar peinlich, in Karen zu wohnen, dem Nobelviertel der kenianischen Hauptstadt – benannt nach Karen Blixen, der legendären dänischen Schriftstellerin, Pilotin und Kaffeefarmerin. In ihren Büchern wird ein romantisches Afrika-Ideal des 19. Jahrhunderts gezeichnet, und das hat sich als Klischee im kollektiven westlichen Bewusstsein etabliert. Meryl Streep und Robert Redford im Film „Jenseits von Afrika" haben ihr ein Denkmal gesetzt.

„Blixens erster Wohnsitz ist heute ein Ausbildungszentrum, ihr zweites Haus ein Museum, in dem man noch lauter Originalgegenstände bestaunen kann. Kann ich euch gerne mal zeigen. Wir wohnen in der Parallelstraße, aber ihr dürft nicht denken, dass wir …"

Aha, dachte ich's mir doch. Jetzt kommt die entschuldigende Erklärung, geht es mir durch den Kopf.

„… aus Ehrgeiz oder Prestigegründen hierhin gezogen sind. Der Vorbesitzer unseres Hauses musste im Jahr 2000 verkaufen und gab 4.000 Quadratmeter Grundstück plus Haus drauf für 80.000 Euro weg. Wir hörten davon bei einem Gebetsfrühstück, das wir damals besuchten. Renoi und ich suchten ja schon lange nach einer Wohnung in Nairobi, wo es für die Kinder sicher und nah zur Schule ist und die wir langfristig abzahlen konnten, also, Renoi meinte, wir sollten …"

Ole biegt in einen schmalen Sandweg zwischen üppiger Vegetation ein.

„… ihr solltet eure Gebete als erhört betrachten, denn billiger wird euch Gott kein Haus mehr anbieten?", vervollständige ich seine gewundene Rede, und sofort löst sich Oles Beklemmung in helles Gelächter auf.

Wir sind da.

Im Hof ihres zweistöckigen, gelb gestrichenen Hauses hinter wuchernden Büschen und Tundamupflanzen, umrankt von Bäumen voll roter Weihnachtssternblüten, steht sie vor der Eingangstür und winkt uns zu: Renoi Ronkei. Vielleicht einen halben Kopf größer als Ole, sehr kurze Haare, ein orangefarbenes Sweatshirt über einem bunten langen Rock. Sie lächelt, begrüßt uns freundlich und wirkt auf den ersten Eindruck zurückhaltend, von einer ruhigen, gelassenen Fröhlichkeit.

Ist er nun ein Pascha oder nicht?

Renois Mann schleppt unsere Koffer aus dem Auto, zeigt uns das Haus, begibt sich dann in die Küche und bereitet mit ihr zusammen Tee und Gebäck vor.

Hm. Wahrscheinlich nicht.

Zwischen Küche und geräumigem Flur gibt es in Hüfthöhe einen breiten Mauerdurchbruch, eine Durchreiche mit drei Stühlen davor.

„Das ist der Damen-Salon", erklärt Renoi lächelnd, „da können meine Freundinnen mir beim Kochen zuschauen und alles kommentieren."

„Dann muss ich aber immer raus hier", ergänzt Ole und beginnt, einen Obstsalat zu schnippeln.

Das geräumige Wohnzimmer mit zwei braunen Chesterfieldsofas und einem wuchtigen Sessel, Glastischchen und Vitrinenschränken aus dunklem Holz wirkt wegen der zugezogenen Gardinen dämmriger, als es sein müsste. Große Fenster lassen einen Blick auf den Garten dahinter vermuten, aber …

„In dieser kalten Jahreszeit mag man ja gar nicht auf die Terrasse gehen, nicht wahr?", sagt Renoi, als sie hereinkommt, und zieht die schweren Stores noch eine Spur fester zu.

„Schade", flüstert meine Frau mir zu, „bei dem schönen Wetter …"

Draußen sind es 24 Grad.

Jetzt wuchtet Ole eine viereckige Wanne, randvoll mit offenbar vorbereiteter Holzkohlenglut, in den riesigen, raumbeherrschenden Wandkamin und verschwindet wieder.

„Gleich wird's kuschelig", verspricht Renoi, zieht sich eine Strickjacke über, setzt sich zu uns und ruft Ole in der Küche zu, er solle den Zucker nicht vergessen.

Das Kaminfeuer lodert, der Tee ist heiß, uns wird mächtig warm.

„Kennengelernt? So generell und von Weitem kannten wir uns schon, seit ich 12 war." Renoi ist keineswegs überrascht, dass wir sehr direkt nach ihrer Liebesgeschichte mit Ole fragen. „Meine Sippe wohnte kaum acht Kilometer von Oles Familie entfernt. Als er in der *Starehe Boys School* in Nairobi fertig war, er muss so um die 20 gewesen sein, hofften vielleicht einige, er würde jetzt aufs Land zurückkehren. Zu uns, in sein Heimatdorf …"

Ob sie selbst das war, die das hoffte, ist ihrem Gesicht nicht zu entnehmen.

Ole ist inzwischen hereingekommen und verteilt Zucker für den Tee.

„… aber der feine Herr Ronkei musste ja weiterstudieren", sagt sie über den Rand ihrer Tasse hinweggrinsend, „… und sich in christlichen Studentengruppen engagieren und auch noch nach Amerika gehen …" Sie lacht. Sie neckt ihn. Sie hat Humor. Sie kann sympathisch ironisch sein. „Er ließ seine Familie jahrelang mit der Partnerwahl warten."

Ole setzt sich und häuft Obstsalat in unsere Glasschälchen.

„Also jetzt mal langsam, Freunde. Traditionell ist es doch so: Der Vater eines Jungen sucht ein Mädchen für ihn aus. Dann vereinbart er mit dem Vater dieses Mädchens einen Brautpreis. Je nach sozialem Status des Mädchens – also je nach Kuhherdengröße ihrer Familie – kann dieser Brautpreis sehr hoch sein. So hoch, dass der Vater des Jungen schon im Vorhinein anfängt, jährliche Anzahlungen zu leisten. Vorschusszahlungen auf die vereinbarte Hochzeit, könnte man sagen."

Meine Frau spricht aus, was wohl jede Europäerin an dieser Stelle denkt: „Dann hat das Mädchen ja später gar keine Wahl?! Aber was ist, wenn sie den Mann nun mal nicht liebt?"

Renoi schüttelt den Kopf. „Bei den Massai in Tansania zum Beispiel beginnen solche Ratenzahlungen manchmal schon ab der ersten Menstruation des Mädchens. Dann ist sie, rein biologisch, im heiratsfähigen Alter und wird jemandem versprochen. Romantik, Liebesheirat, selbst gewählter Partner – vergiss es! Das sind westliche Vorstellungen."

Und wie war das bei euch mit der Romantik, würde ich am liebsten fragen.

„Aber dieses traditionelle Eheprozedere fand bei uns erst gar nicht statt", wirft Ole ein. „Mein Vater war ermordet worden, als ich noch klein war. Zuständig für mich war mein Onkel. Der hielt es aber für eine Risikoinvestition, mir eine Frau auszusuchen und anzuzahlen."

„Warum das denn?"

„Vielleicht dachte er im Stillen: Ole ist eh an die Kultur der Weißen verloren. Da zahlst du jahrelang Brautpreisraten im Voraus, und hinterher will er womöglich keine Frau vom Lande, sondern eine aus Nairobi."

Jetzt grinsen beide verschmitzt. Was mir Mut macht, gezielter nachzubohren: „Hättest du denn eine Frau aus Nairobi gewollt?", will ich wissen, „oder hättest du eine haben können?"

Meine Frau hält erschrocken die Luft an. Renoi wirft breit lachend den Kopf zurück.

Ole antwortet darauf erstaunlich ernst: „Nie im Leben! Aus zwei Gründen nicht: Für gebildete Mädchen in der Großstadt galt ein Massaimann damals als völlig unakzeptabel, uncool und

unzivilisiert. So jemanden heiratet man nicht. Zweitens: Luo-
frauen gelten als attraktiv, Kikuyufrauen gelten als häuslich –
mir persönlich gefallen sie alle nicht! Klar, ich ging mit Studen-
tinnen meines Semesters Kaffee trinken. Ich hatte in der
Gemeinde, im Buchladen, bei diversen Jobs viel Kontakt zu vielen netten jungen Damen …"

„… und du warst doch inzwischen, mit guter Bildung und
bezahltem Job, auch nicht gerade unattraktiv. Massai hin oder
her …", werfe ich ein.

„Kann sein, von mir aus. Aber eine andere als eine Massaifrau
kam für mich nie infrage. Schon vom Typ her nicht. Zunächst
nur so bemerkt und dann als platonische ‚Freundin' entdeckt,
habe ich Renoi während der letzten Sommerferien von *Starehe* –
1979 oder 1980. Aber im Laufe der Jahre wurden wir doch be-
freundet genug, um keine andere mehr … Nein, es musste schon
Renoi sein. Die eine."

Bei solch einem Kompliment müsste Renoi eigentlich rot wer-
den, denke ich. Aber Afrikaner werden ja nicht rot.

Ihre Augen strahlen dafür umso mehr: „Ich wusste das und
konnte ganz beruhigt sein, denn in Nairobi gab's damals so gut
wie keine Massaifrauen, jedenfalls keine jungen, unverheirateten." Jetzt beugt sie sich vor, als käme gleich was ganz Geheim-
nisvolles: „Außerdem ist Ole doch der Sohn eines *Laiboni*."

„Ja, und?" Wir verstehen nicht ganz.

„Das ist eine Stellung, die bei euch einem Richter, Arzt und
Pfarrer zusammen entspricht. Der Sohn eines *Laiboni* läuft nicht
irgendwelchen Schicksen hinterher."

Oho. Ein gewisses aristokratisch-elitäres Selbstverständnis
hat ihn davor bewahrt, die Falsche zu nehmen? Eine *Miss-Wahl*
zu treffen?

Weil der standesbewusste Sohn eines *Laiboni* meiner Frau gerade Tee nachschenkt, nutzt sie die Gelegenheit, ihn direkt zu

fragen: „Na schön, aber hattest du dann nicht Sorge, dass Renoi dir daheim weggeheiratet wird, wenn du in die USA gehst?"

„Nein. Das heißt, anfangs ein bisschen, ja. Renoi war immer meine beste … tja, wie soll ich sagen, ihr nennt das Verlobte, meine beste Freundin. Wenn ich in den Schulferien vom Internat oder später als Student nach Hause kam, war ich weit und breit im Massailand natürlich …", er stockt, unterdrückt ein Lachen, schaut zu Renoi hinüber, als suche er ihre Erlaubnis, „… ein begehrter Mann, die Eltern sagen zu so was ‚eine gute Partie'. Aber irgendwie gab es zwischen unseren Familien ein unausgesprochenes Stillhalteabkommen. Sie machten keinen Druck, obwohl das stammestypisch gewesen wäre. Und dann hatte ja schließlich auch Gott seine gnädigen Hände im Spiel."

Oles Blick geht an uns vorbei zu einer Stelle des Wohnzimmers, wo wir vorhin drei Massaispeere, einen bemalten Schild, bunte Armreife und Halsketten an der Wand bemerkt haben. *Ein Hauch von Ritterdekor,* habe ich beim Reinkommen noch gedacht, *wie bei uns in den Restaurants mittelalterlicher Burgen.*

„Mit Gottes gnädiger Führung meine ich: Ich komme im August 1985 als Student nach Eugene/Oregon, an die Nordwestküste der USA, gehe da eines Sonntags in die Baptistengemeinde und ein Ehepaar namens Dianne und Pete Pifer stellt sich mir vor. Sie sind selbstständig und arbeiten in der Gastronomie, als Franchisenehmer der McDonald's-Kette.

Zwischen uns entwickelt sich eine Freundschaft und so ab 1987 organisiere ich für interessierte Gemeindeglieder zwei- bis dreiwöchige Touristenreisen nach Kenia mit dem üblichen Programm: Elefanten und Löwen im Nationalpark, Strandurlaub in Malindi und zum Abschied ein Usambaraveilchen vom *Mount Kenya* …"

Ole kichert in seine Teetasse hinein, und meiner Frau fällt dabei auf, dass in diesem Wohnzimmer nirgendwo Blumen stehen. Wer draußen genug davon hat, braucht sie offenbar nicht drinnen.

„Und solange die Touristen für ein paar Tage am Indischen Ozean geparkt waren", fügt er hinzu, „konnte ich mal kurz nach *Enoosaen* ausbüchsen, nach Hause."

„Um Renoi zu sehen?!", fragt meine Frau erwartungsvoll zu ihr hinüber.

Die schüttelt den Kopf. „Da war ich ja schon nicht mehr. Ich hatte inzwischen die Highschool beendet und eine Ausbildung zur Restaurant- und Hotelfachfrau in Nairobi angefangen. Ja, den ersten großen Schritt aus der Herkunftsfamilie hinaus hab ich alleine gemacht! Ole hat mich nicht erst aus dem Dorf ‚herausheiraten' müssen."

Das ist ihr wichtig, unüberhörbar.

„Und rate mal, wie meine Fachschule hieß: *Slim Catering Service!* Die Schlank-Esser-Küche", lacht sie.

Darauf einen Schokoladenkeks! Beinah gleichzeitig greifen wir zu.

Aha, denke ich, *dann gab es Ende der 80er-Jahre ja doch unverheiratete Massaifrauen in der Weltstadt. Und Renois Eltern gehörten nicht zu jenen Stammestraditionalisten, die ihren Töchtern eine Ausbildung verweigern, weil sie schon für eine arrangierte Ehe gebucht sind.*

Ole will weitererzählen, aber ich muss noch mal nachhaken: „In vier Jahren USA, Ole, jetzt mal Hand aufs Herz, in einem studentischen Umfeld musst du doch ein paar afroamerikanischen Mädchen über den Weg gelaufen sein, die selbst auch keine Tomaten auf den Augen hatten …"

„No way!" Ole lacht.

Renoi lacht.

Wir staunen.

Aber schnell erzählt er weiter: „Pete und Dianne Pifer hatten

Renoi ein einziges Mal kurz kennengelernt, auf einem dieser Kenia-Urlaube. Und weil Pete nun mal aus dem Restaurantfach ist, wollte er ihr einen Ausbildungsplatz in Eugene, Oregon, besorgen, am *Lane Community College* für Hotel- und Tourismus-Management. Davon sagten sie mir aber nichts! Sie hatten es mehr oder minder heimlich organisiert, dass Renoi von ihrer Baptistengemeinde ein Stipendium finanziert bekommt, und fragten mich eines Tages plötzlich beim Mittagessen: ‚Was würdest du sagen, wenn deine Freundin ihre Hotelfachausbildung in Oregon fortsetzen würde?‘"

Es ist unübersehbar, wie sehr sich Ole in Erregung geredet hat. Unsereins hätte jetzt glühende Wangen und knallrote Ohren, aber wie gesagt … Die Erinnerung bewegt ihn sehr. Eine spannende, dichte Atmosphäre hat sich auf uns gelegt.

„Ich bekam zwei Nächte lang kein Auge zu. Was für ein Geschenk! Ich hatte zwei Teilzeitjobs neben dem Studium und konnte mich damit im teuren Amerika finanziell so grade über Wasser halten. Ans Heiraten war da nicht zu denken, dabei war ich schon 29!"

Sie hat ein halbes Jahrzehnt auf ihn gewartet, geht uns durch den Kopf, *und an Heiraten war nicht zu denken?*

„Renois Familie ist eine Massaisippe, die von Landwirtschaft lebt. Wir kommen aus einem Dritte-Welt-Land, wir waren arme Leute, machen wir uns nichts vor. Meine Freundin zur Ausbildung in die USA holen? War so wahrscheinlich wie ein Badeurlaub auf dem Mond!"

„Und doch ist es geschehen", sagt Renoi plötzlich mit ihrer ruhigen Altstimme. „Gott war größer als der ganze Visums-, Einreise- und Aufenthaltspapierkram, der dann folgte."

Die Stille, in die die beiden jetzt zurücksinken, als wären sie erschöpft, wagen wir nicht mit einer weiteren Frage zu zerreißen.

Das Feuer im Kamin ist runtergebrannt, hinter den schweren Gardinen verdunstet das Tageslicht. Den Teelöffel auf der Untertasse abzulegen, macht ein irgendwie unpassendes Geräusch. Hat sich Renoi eben eine Träne aus dem Augenwinkel gewischt?

Ole flüchtet sich in Small Talk: „Noch etwas Obstsalat?"

„Gern, danke."

„Soll ich Holz im Kamin nachlegen?"

„Nein, bloß nicht."

„Ach übrigens, im Bad der Lichtschalter …"

„Ist schon o. k."

„Moment noch, Ole. Und dann?", frage ich dann doch frontal. Ein aufmunternder Blick meiner Frau signalisiert mir, dass auch sie wissen will, wie's weiterging.

„Dann stand Renoi am Flughafen in Eugene. Im September 1989. Wir waren die glücklichsten Menschen auf Gottes Erde. Sie wohnte bei Pifers im Gästezimmer, studierte am *Lane Community College*, traf sich mit mir an den Wochenenden …"

„… und fühlte sich furchtbar, furchtbar, furchtbar fremd", ergänzt Renoi ernst. „Du kommst dir vor wie ein tollpatschiges Kind, willst aber möglichst alles richtig machen. Mein erster Winter! Als die Autoscheiben vereist waren, hab ich einen Eimer kochendes Wasser drübergekippt und bin losgefahren. An der zweiten Kreuzung waren die Scheiben natürlich wieder vereist. Du schämst dich, du tadelst dich, du stehst permanent unter Stress."

Renoi, knapp sieben Jahre jünger als ihr Mann, muss damals 22 gewesen sein. Auch ihr Geburtsdatum, den 24. Oktober 1967, haben die Eltern frei erfunden.

Urplötzlich hinauskatapultiert zu werden in eine fremde Welt, dankbar sein zu müssen für überschwängliche Gönner, völlig auf den Jugendfreund angewiesen zu sein, der hier in den neuen Verhältnissen schon alles kennt und alles weiß – kein leichtes Leben, stell ich mir vor.

„Geholfen haben uns unsere Studentenfreunde aus der WG, in der ich wohnte", wirft Ole ein, „dann natürlich Familie Pifer und nicht zuletzt die Gemeinde, in der Renoi inzwischen im Chor sang. Aber dann kam der Schicksalsschlag."

Die beiden schauen sich kurz an, als müssten sie sich erst abstimmen, was sie erzählen wollen.

Ole nickt. „Dianne Pifer, damals so was wie unsere Ersatzmutter, verlor kurz vor Weihnachten 1989 auf einer Autofahrt plötzlich das Bewusstsein und stürzte mit ihrem Wagen in den Graben. Es stellte sich heraus, dass sie einen Gehirntumor hatte und dauerhaft gepflegt werden musste. Ein furchtbarer Schlag für uns alle."

„Ich bot an, bei Pifers auszuziehen, damit sie meinen Raum als Krankenzimmer nutzen konnten", macht Renoi weiter, „aber einfach in Oles Männer-WG ziehen konnte ich auch nicht."

„So makaber es klingt: Das hat unseren Hochzeitstermin beschleunigt", sagt Ole und findet wieder zur gewohnten Fröhlichkeit in der Stimme zurück. „Als Ehepaar durfte man nämlich ein Apartment im Studentenwohnheim beantragen und bekam Mietsubventionen von der Uni. Wir haben im Jahr drauf dann drei Mal geheiratet!"

Drei Mal?

Jetzt bricht sein typisches Lachen aus ihm heraus.

Renoi zupft grinsend an ihrem muschelförmigen kleinen Ohrstecker und erinnert sich: „Erst standesamtlich amerikanisch, dann am 20. Januar 1990 kirchlich international und ein paar Monate später massaitypisch in Kenia. Das auf dem Standesamt war ein reiner Verwaltungsakt. Dann kam die kirchliche Trauung. Unsere Freunde und Trauzeugen, sieben junge Männer und sieben junge Frauen aus Kenia, Äthiopien, Simbabwe,

Singapur, Israel und dem Iran kleideten sich in ihrer Nationaltracht und tanzten erst mal zu wilden Trommelklängen vor uns her durch den Mittelgang! Dann kamen wir, das Brautpaar – natürlich in Massaikluft – und es erklang nicht etwa der berühmte Hochzeitsmarsch von Mendelssohn-Bartholdy – Taa-tata-taa, taa-tata-taa –, sondern eine CD von Roger Whitacker!", erzählt Renoi und erhebt sich. „*My Land is Kenya*. Eine unglaublich sentimentale Afrikahymne. Da blieb kein Auge trocken, sag ich dir. Die Amis haben sich schier totfotografiert."

Draußen ist es inzwischen stockdunkel geworden. Drinnen inzwischen arg stickig. Kaminfeuer, Teelichte und eifriges Erzählen verringern den Sauerstoffgehalt im Raum doch erheblich. Erfüllt und erschlagen, satt und doch neugierig zugleich beenden wir unser Beisammensein und ziehen uns auf unser Zimmer zurück. Aber einschlafen können wir beide noch lange nicht.

Dann trug Renoi eine rote Wolldecke und kein weißes Kleid? Dann waren Renois Eltern und Oles Mutter bei der Hochzeit in den USA gar nicht dabei? Bestanden sie deshalb auf einer zusätzlichen traditionellen Zeremonie in Kenia, oder war das der Wunsch des Paares? Und was war mit dem Brautpreis? „Die Hochzeitstorte …", meine Frau dämmert offenbar gerade weg, „die hat dann letztlich McDonald's gesponsert."

Gestatten: Wachsende Gemeinde

Auf vieles waren wir innerlich vorbereitet – wacklige Bierbänke und zerbrochene Plastikstühle, einen undefinierten Beginn und spontane Zuruf-Liturgie, improvisierte Technik, Predigten von enormer Länge bei geringer Tiefe –, nur nicht auf den Gottesdienst, in den uns Ole und Renoi samt ihren vier Kindern an diesem strahlend blauen Sonntagmorgen mitnehmen.

Wir betreten einen fünfstöckigen Prachtbau mit Gruppen- und Seminarräumen, Küchen, Sitzecken und Foyers voll lärmender Familien mit Kindern. In der Mitte befindet sich ein Saal mit 3.500 Kinosesseln, im Halbrund steigen die Sitzreihen nach hinten an, auf der Empore ist Platz für weitere 1.500 Besucher. Vorne eine breite Bühne mit Flügel, Band, Chor, Kanzel, Taufbecken, Beamer, Leinwand und sieben hochwertigen Mikrofonen; Theaterscheinwerfer und Lautsprecherboxen hängen von der Decke. Das alles wird dekorativ umrahmt von riesigen weißen Callas und Lilien in wuchtigen Bodenvasen.

„Bestimmt war hier gestern eine Hochzeit …", flüstert meine Frau, und ich nicke sofort, so als wäre es was Unanständiges, diese Blumenpracht nur für einen x-beliebigen Sonntagmorgen zu arrangieren.

Durch drei kreisrunde Fensterbilder vorne, acht an jeder Seitenwand und von hinten ein Triptychon aus Glas, so hoch wie zwei Stockwerke, flutet Licht in den riesigen Raum. Es ist Punkt elf Uhr, als diese symbolträchtig bemalten Scheiben automatisch abgedunkelt werden und auf der Leinwand ein Liedtext erscheint: „Ein' feste Burg ist unser Gott."

Die Gemeinde erhebt sich, der Chor marschiert singend durch den Mittelgang, ich drehe mich um und schaue in die freundlichen Gesichter von unzähligen schick aufgebrezelten Frauen und Männern, die einen Choral des deutschen Reformators Martin Luther schmettern.

Doch, da verspüre ich einen Kloß im Hals und muss kurz schlucken. Schnell vertiefe ich mich in den Programmflyer auf meinem Sitz. Aha, dies ist nur einer von insgesamt drei Gottesdiensten pro Sonntag. Ob in den anderen beiden mehr Weiße sind als die Handvoll Touristen um uns herum?

„Namunyak, Retoyia und die Buben sind da draußen", sagt Renoi, als ich erst jetzt bemerke, dass wir beim staunenden Betreten dieser Kirche die vier Ronkei-Kinder verloren haben.

Da draußen, das ist das ehemalige Versammlungsgebäude nebenan. Ich schleiche mich aus dem Hauptgottesdienst heraus und sehe es mir an. Das Dach sieht aus wie ein Stern, dessen Zacken von einem gigantischen Daumen nach oben gebogen wurden – Typ „moderne" Kirche der 60er-Jahre –, und darunter, so schätze ich, befindet sich Raum für rund 400 Sitzplätze. Das Wort *Sitz*-plätze trifft es nicht ganz, denn als ich reinkomme, füllen unzählige Jugendliche und junge Erwachsene eine riesige Tanzfläche. Die Ronkei-Kinder sind jedoch im allgemeinen Gewoge verschwunden.

Auf der Bühne spielt eine Band druckvoll und präzise Reggaemusik mit Rap-Sprechgesang. Zwischen den Songs rufen sie Parolen, die von der Menge wiederholt werden. *Ki-Swahili* müsste man können. Als die Rhythmen schneller, die Tanzfiguren athletischer und die Schlachtrufe schriller werden, bricht die Band auf dem Höhepunkt plötzlich ab, und auf der Leinwand erscheinen Namen. Es ist mucksmäuschenstill in dem eben noch brodelnden Tanzpalast, und dann kapiere ich erst: Dies ist eine Fürbitte-Liste. Die Menge beginnt, leise murmelnd zu beten.

„Da stehen nur die auf der Leinwand, die das wollen", flüstert mir eine bildhübsche junge Frau zu.

Kann sie die Gedanken eines skeptischen Deutschen lesen, der bei öffentlicher namentlicher Fürbitte sofort an Datenschutz und Diskretion denkt? Oder ist ihr einfach nur mein Stirnrunzeln aufgefallen?

„Wir beten immer vor den Examensarbeiten füreinander. Hinterher, wenn man trotzdem durchgefallen ist, will keiner mehr auf der Leinwand erwähnt werden. Obwohl man dann besonders viel Gebet brauchen könnte." Sie grinst unwiderstehlich charmant, und bevor ich antworten kann, rockt die Band wieder los, und alle wogen im Lobpreistanz mit.

Oben, im *Mainstream*-Gottesdienst, hat jetzt ein Theaterstück begonnen, das von erstaunlich gekonnt agierenden Laienschauspielern mit *Headsets* aufgeführt wird. Es geht um die Gemeinde als abgeschottete Trutzburg mit hochgezogenen Ziehbrücken, die keine durchlässigen Grenzen mehr hat und nur den hereinlässt, der sich als „würdig" erweist – humorvoll im Ton, beinhart in der Aussage kritisieren die jungen Akteure mangelnde Offenheit und träge Selbstgenügsamkeit. Positiverseits ermuntern sie die Gemeinde zu mehr Mut im diakonischen und evangelistischen Dienst an der Welt. Wir stehen auf zum Vaterunser und Segen. Nanu? Keine Predigt?

„Das Theaterstück war die Predigt. Hast du sie denn nicht verstanden?" Ole lacht und schiebt uns auf eine der rund ums Gebäude laufenden Terrassen hinaus, wo er uns dem *Senior Pastor* (dem Hauptpastor) seiner Gemeinde vorstellt. Er ist 40, der *Senior*, heißt George Shiramba und scheint mit Kopf und Herz noch ganz bei der Ehepaar-Freizeit am Indischen Ozean zu sein, von der er in der Nacht heimgekommen ist. Bei jeder energischen Geste seiner rechten Hand fürchte ich um die Teetasse in seiner linken.

Begeistert sprudelt er los: „Das Tollste ist, wir hatten sogar muslimische Paare dabei, die sich fürs Christsein interessieren, weil die beinharten Rollenmuster des Korans in einer modernen Ehe einfach nicht mehr funktionieren. Vielleicht werden sie aus familiärer Rücksichtnahme nie den Islam verlassen, aber dass sie miteinander glücklicher werden – dafür könnt ihr doch beten, oder?"

„Wer, wir? Ach so, ja, ja, natürlich."

Jetzt will ich aber meine vorbereiteten Fragen loswerden: „Wie viel hat dieses Gemeindehaus gekostet?"

„19,5 Millionen Euro."

„Und wie habt ihr das finanziert?"

„Mit Geld." George bekommt einen Lachanfall.

Vorsicht, der Tee!

„Nein, im Ernst", jetzt stellen sich Ole und Renoi dazu, George Shiramba hat sich wieder eingekriegt, „wir haben sieben Jahre gespart, sieben Jahre gebaut und in sieben Jahren abbezahlt. Wenn 3.000 Mitglieder den Zehnten geben …"

„… oder sogar den Zwanzigsten …", auch Ole verplempert beinah seinen Tee vor Lachen und macht weiter: „… dann brauchst du kein teures Geld von der Bank und keine Spenden aus Europa und musst das alte Gebäude nicht verkaufen, sondern kannst es der Jugend überlassen. Alles eine Frage der geistlichen Identifikation, der Begeisterung für Jesus und der Opferbereitschaft."

Das Gespräch nimmt Tempo auf. Angelockt von den hellen „Eh, Eh, Eh"s meiner Gesprächspartner scharen sich ein paar massige ältere Herren um uns herum – Typ *Elder Statesman*. Dunkle Anzüge, dezente Krawatten, graue Haare und kurz geschorene Bärte. Einer von ihnen gießt meiner Frau Tee und Milch nach.

„Darf ich vorstellen, der Ex-Gemeinderat!" George prustet wie ein Schuljunge nach einem Witz.

Es herrscht eine unglaublich vertraute, freundschaftlich-humorvolle Atmosphäre. Da hab ich in Deutschland schon eisigere Luft eingeatmet, wenn ein Pfarrer und seine Gemeinderäte beieinanderstanden.

„Wir sind 19 Ehrenamtliche im Vorstand", erzählt der eine, „für drei Jahre gewählt und dann maximal zweimal wiederwählbar. Nach neun Jahren ist Schluss. Wirst du in eine zweite Amtsperiode wiedergewählt, musst du einen jüngeren potenziellen Nachfolger aufbauen, einarbeiten und zur Wahl vorschlagen. So bleibt die Truppe jung ..."

„... und wir haben keinen Stuhl am Hintern kleben, schau!" Ein anderer grauhaariger Elefant dreht sich um und alle quieken vor Lachen.

George ist nur einer von 15 Pastoren dieser Gemeinde und wird sehr ernst, als ich ihn beim Mittagessen im Restaurant frage, wo denn bitte schön die Armen sind in seiner prachtvollen Megachurch?

„Wenn du die Ngong Road entlangfährst, kommt alle hundert Meter eine Kirche", fängt er an, „die katholische, die lutherische, die reformierte, die anglikanische, die methodistische, die pfingstliche ..."

„... plus die mit Fantasienamen", füge ich hinzu, „wie *African Canaan, Faith Gospel, Zion Chapel, Good Shepherd, Revival Spirit* ..."

„Genau, und jede dieser hunderterlei Konfessionen betont natürlich, in welchen theologischen Lehrsätzen sie rechtgläubiger ist als die anderen. Jede Truppe beansprucht – ausgesprochen oder unausgesprochen – die Bibel „richtiger" auszulegen als die anderen. Kindertaufe oder Erwachsenentaufe, Frauenpastorat oder nicht, Abendmahl für alle oder nur für den Priester, Geistesgaben wie Prophetie und Zungenrede fördern oder nicht und so weiter. Obendrauf kommen dann noch die Unterschiede in ethisch-moralischen Fragen: Ehe ohne Trauschein, Polygamie, Scheidung und Wiederheirat, Alkohol gestattet oder nicht, nur christliche Beerdigungsrituale oder auch lokalreligiöse Gebräuche gestatten et cetera. Jede dieser möglichen Meinungen wird entweder mit den entsprechenden Bibelversen oder mit der Tradition dieser Kirche oder mit der Überzeugung des Pastors begründet. Oder, am besten, mit allen dreien!

Und jede dieser Gruppen und Grüppchen wird von ihren Mutter-Kirchen oder ihren Geber-Missionswerken in Florida, in Schweden oder in Deutschland als leuchtendes Beispiel dafür zitiert, wie *rechtgläubig*, wie *entschieden*, wie *hingebungsvoll kompromisslos* wir frommen schwarzen Missionskinder hier unten sind …", George macht eine kurze Pause, nimmt einen Schluck und fuchtelt mit der Gabel durch die Luft, „… und dass unsere Gemeinden – im Gegensatz zu euren – deshalb wachsen. Danke für das Lob, aber dieses ‚deshalb' ist falsch. Wir wachsen nicht, weil wir ja alle so simple Fundis sind, so fröhlich-naive, kindlich gläubige Naturkinder, von deren Schlichtheit sich jeder Christ im Norden doch bitte eine Scheibe abschneiden möge." George ist energisch geworden.

Ole bestellt noch was und Renoi lächelt gequält. Ist ihnen das Thema unangenehm?

„Ich hatte dich nach den Armen gefragt, George", hake ich noch mal nach.

„Moment. Eure Missionarsrundbriefe und Spender-Blogs in Europa haben recht, wenn sie freudig berichten, dass die christlichen Gemeinden in Ostafrika wachsen. Ja, das stimmt, aber doch nicht, weil *wir* noch feurig und *ihr* schon lau geworden seid! Wir sind eine hochgradig ausdifferenzierte Gesellschaft. Es gibt hier die horizontale Schichtung in soziale Klassen und es gibt die vertikale Trennung in verschiedene Volksgruppen." Der Leiter der größten Freikirche von Nairobi macht eine bedeutungsvolle Pause.

Ich weiß nicht ganz, warum: „Ja, und?"

„Wenn nun ein Kenianer von Jesus hört, wenn er Christ wird und sich taufen lässt, dann sucht er sich die Gemeinde nicht danach aus, wo am ‚richtigsten' gelehrt und gepredigt wird …", beginnt George wieder.

„Das kann er ohnehin meist gar nicht beurteilen", knurrt Ole mit vollem Mund dazwischen, „und viele Pastoren sind zu schlecht ausgebildet, um komplexe theologische Unterschiede zu erklären."

Das klingt zwar ein bisschen elitär, denke ich, *aber wahrscheinlich hat er recht.*

Pastor George fährt fort: „… sondern er sucht sich eine Gemeinde aus, die zu seinem sozialen Status und zu seiner Stammeskultur passt! Mentalitätsunterschiede spielen eine viel größere Rolle als Erkenntnisunterschiede."

Ob das in Deutschland auch so ist?, frage ich mich im Stillen.

Beide Damen am Tisch weisen inzwischen mahnend darauf hin, dass Senior Pastor George Shiramba sein *Chicken Marsala* kalt werden lässt, aber dieser Gedanke lässt mich nicht kalt: „Und jetzt willst du mir erzählen, es gäbe in deiner *Nairobi Baptist Church* nur deshalb keine Armen …"

Meine Frau stupst mich dezent in die Seite. Etwas mehr Zurückhaltung bitte.

An Georges Stelle beantwortet Ole meine etwas vorwurfsvolle Frage: „… weil die Armen lieber in die Gemeinden mit den Fantasienamen gehen, jawohl, in die Kirchen ohne Kolonialvergangenheit, ohne Weiße, ohne intellektuelle Überforderung, aber mit viel Gefühl, starken Erlebnissen und schneller Ekstase! So ist es, ja." Und wo er schon mal dran ist, erklärt er gleich weiter. „Für junge Leute – machen wir uns nichts vor – sind die Jugendgruppe und der Gottesdienstbesuch doch auch ein Heiratsmarkt. Warum soll ich in eine Gemeinde gehen, wo keine Mädchen aus meinem eigenen Volksstamm und meiner sozialen Schicht auftauchen? Wo saftige, aber unerreichbare Früchte herumhängen?"

Jetzt stupst Renoi ihren Mann in die Rippen, muss aber trotzdem lachen.

„Es ist viel weniger eine Frage der Armut als vielmehr eine Frage der Bildung!", meint Ole und setzt noch einen drauf: „Afrikaner haben generell einen höheren Grundwasserspiegel in Sachen Religion und interessieren sich sofort für alles Magische, Übersinnliche und Mysteriöse. Es wäre wahrscheinlich leichter, uns für eine obskure Sekte zu gewinnen, als uns zu einem materialistischen Atheismus à la Ostdeutschland zu bekehren. Je höher aber der Bildungsgrad in einer Gemeinde ist, umso weniger archaisch, umso weniger chaotisch oder magisch geht es in ihren Gottesdiensten zu."

Renoi nickt erst ihrem Mann, dann meiner Frau zu und ergänzt: „Umso westlicher fühlt es sich für die Armen an. So nennen sie es. Wir sind denen zu weiß."

Ole und Renoi, George Shiramba, die Silberlocken vom Gemeinderat, ihre beeindruckende Kirche – das ist den Armen zu „weiß"? Wir gönnen uns eine Pause von unserem angeregten Gespräch, kauen nachdenklich und loben das Restaurant.

Ole legt das Besteck beiseite. „Außerdem sind Afrikaner hoffnungslos autoritätshörig. Als unser früherer Präsident Daniel Arap Moi in die *African Inland Church* ging, gingen seine Minister bald auch dorthin und der einfache Mann auf der Straße sagte sich: ‚Da muss ich wohl auch hin.'"

Inzwischen ist auch George mit dem Essen fertig und zieht die Augenbrauen hoch. „Steven Kalonso, der jetzige Vizepräsident, kommt zu uns in die Baptistengemeinde, aber nicht, weil wir seine Politik alle gut finden, sondern weil er ein *Kamba* ist. Wir sind eine typische Kirche für *Kambas*. Präsident Mwai Kibaki ist ein *Kikuyu*. Die *Kikuyu* würden eher zu den Presbyterianern gehen. Die *Meru* rund um den Mount Kenia sind mehrheitlich Methodisten, die *Kisii* – da kannst du drauf wetten – sind meistens Adventisten, die *Kalenjin* haben ihre *Africa Inland Church*, die katholischen und anglikanischen Missionare gründeten viele Gemeinden unter den *Luo* – das war doch alles von der britischen Kolonialregierung per Gebietszuweisung für die weißen Missionare bewusst so gewollt!"

„Ich hatte nach den Armen gefragt, George …"

Jetzt wird gerade der Cappuccino kalt.

„Sie kommen nicht. Nicht zu uns. Deshalb gehen wir zu ihnen. Und helfen ihnen da, wo sie sind." George Shiramba schaut zu Ole Ronkei.

Ole hebt den Kopf, als hätte er einen Gedanken erraten. Beide grinsen verschmitzt, als Ole sagt: „Morgen fahren wir nach Kibera. Abgemacht?"

Noch weiß ich nicht, wo und was das ist.

Wo der Kot Flügel hat

Eine Talsenke in der Stadtlandschaft von Nairobi, bedeckt von einem Flickenteppich aus winzigen rostroten, schwarzen, hellbraunen und grauen Holz- oder Wellblechdächern. Das Gebiet von der Ausdehnung mehrerer Quadratkilometer ist seltsamerweise exakt begrenzt. Autobahnen und Straßen ringsum markieren Anfang und Ende einer Millionenstadt, die in keinem Atlas verzeichnet ist: Kibera – der größte Slum Afrikas.

Eintauchen in das Gassenlabyrinth kann man eigentlich nur zu Fuß, denn kaum eine „Straße" wäre breit genug für zwei einander entgegenkommende Autos. Aber selbst das Gehen fällt hier schwer: Die Wege sind von quer und längs verlaufenden Abwasserrinnen, kleinen Gräben und unzähligen Schlaglöchern zerfurcht und – von Menschenmassen verstopft. Mehr als eine Million Leute schieben sich Tag und Nacht zwischen Bretterverschlägen und Hütten hindurch, von denen die meisten kaum mannshoch und selten breiter als eine Fahrradlänge sind.

Schauen mehr als zwei oder drei Gesichter aus den Luken und Ladentheken solcher Boxen heraus, frage ich mich, wo die Bewohner dort drinnen sitzen oder stehen. Aber jedes Entsetzen lässt sich noch steigern: Ein alter Mann bückt sich in ein „Haus", das bei näherem Hinsehen aus den großflächigen Verpackungskartons eines Möbeldiscounters zusammengeklebt wurde.

Sie heißt Seblewongel, die Frau, die mich in den Slum hineinfährt. Doris oder Nancy könnte ich mir leichter merken. Seblewongel Asrat ist eine Äthiopierin. Auf Anregung von Ole Ronkei kam sie vor mehr als zehn Jahren nach Nairobi, heiratete einen Kenianer und leitet inzwischen zwölf Projekte des Kinderhilfswerks *Compassion International,* davon drei hier in Kibera.

„Ist deine Tür verriegelt? Hast du auch wirklich kein Geld bei dir? Nimm den Fotoapparat lieber von der Sitzbank runter ...“

Die Entschiedenheit ihrer Anweisungen kontrastiert mit ihrer unglaublich sanften Stimme.

„Aber die Scheiben sind doch oben, die Türknöpfe sind unten ...“, wende ich ein.

„Ein Schlag mit der Eisenstange und so ein Autofenster ist hinüber.“ Seblewongel lächelt mich im Rückspiegel an und ihr Blick ist noch sanfter als ihre beruhigende Altstimme. Unser Wagen pflügt nur im Schritttempo durch die Massen. Was, wenn wir hier einfach stecken bleiben?

Was, wenn sich ein paar Slumbewohner einig werden und uns den Rückweg versperren? Es ist wahrscheinlich dumm und unnötig, aber ein bisschen Panik spüre ich doch. Kann es sein, dass meine Lebensversicherung Seblewongel Asrat heißt?

„Dieser Dreck! Dieser Müll! Warum ist alles dermaßen versifft?“, frage ich.

Frau Asrat schüttelt den Kopf und lächelt wieder: „Don't judge before you took a look.“ Urteile erst, wenn du hingeschaut hast. Tatsächlich. Beim Blick in die (noch schmaleren) Trampelpfade zwischen den Hütten sehe ich, dass Schrott und Müll hier zur Bausubstanz gehören. Leere Plastikeimer, übereinandergestapelt, sind tragende Säulen. Verbeulte Motorhauben uralter Straßenkreuzer sind Dächer. Eine Mischung aus Kompost und Sägemehl ist der „Mörtel“ zwischen den „Mauersteinen“ aus alten Röhrenradios, verrosteten Mikrowellen und entkernten

Computerbildschirmen. Das Ganze wird überzogen mit schwarzen Müllsäcken, Tierhäuten oder LKW-Planen. In dieser höhlenartigen Welt, in diesem wuseligen Chaos gibt es Metzger, Bäcker, Schuhmacher und Friseure. Es gibt eine *Barrack Obama Bar*, es gibt Hunderte kleiner Grillpfannen vor den Hütten, auf denen Maiskolben geröstet werden oder einfach nur Holzkohle hergestellt wird.

Und dann der Gipfel: Es gibt hier jede Menge Kirchen! Bretterbuden und Wellblechnischen, von verschlissenen, fleckigen Gardinen unterteilt, über denen ein batteriebetriebenes Kreuz aus Glühbirnen flackert. Oder eine Lichterkette aus Draht formt das Wort „Jesus" und darunter stehen fünf Sperrmüllstühle nebeneinander.

Seblewongel muss drehen. Nach vorne ist kein Durchkommen mehr. Wohin will sie zurücksetzen?!

„Das Spannendste", sagt sie – sie hat tatsächlich eine winzige Toreinfahrt zum Wenden gefunden –, „das Spannendste an dieser Elendsmetropole entdecken Außenstehende gar nicht" – von wegen, Frauen können nicht rückwärts rangieren! – „und zwar die Dörfer innerhalb des Slums. Kibera hat viele Stadtviertel und Quartiere, so was wie …" – sie hat es geschafft! Wir zuckeln auf einer Parallelstraße zum Ziel.

„… einen Kiez, einen Brennpunkt, eine Szene?", werfe ich ein.

„Genau, bestimmte Straßenzüge werden nur von bestimmten Volksgruppen bewohnt. Und zwischen denen kam es im Januar 2008 zu Pogromen. Man fiel einfach mit Macheten übereinander her. Eins unserer Kinderzentren hier und eine Kirche haben sie auch abgefackelt."

Ich sehe zwei kleine Kinder, die barfuß in weiß-grüner Hühnerkacke spielen. Hinter ihnen sitzt eine dicke Frau auf der Straße – da, jetzt hat ein Hund das kleinere der beiden Kinder umgestoßen! – und rührt keinen Finger. Mein Mitleid mit den ärmsten der Armen macht einer heimlichen Verachtung Platz. Ich will dieses Gefühl nicht zulassen, aber mit jeder skandalösen Alltagsszene, die ich sehe, steigen mein Ärger und mein Unverständnis.

Die Äthiopierin mit den mütterlichen Augen kann offensichtlich Gedanken lesen: „Man könnte wütend auf sie werden, nicht wahr? Aber viele Familien sind Tausende von Kilometern weit hierhergeflohen, aus Somalia, aus dem Sudan, aus Simbabwe, vor dem Hunger, vor dem Terror. Und manche sind einfach apathisch geworden – resigniert. Um fünf Uhr morgens stehen die Männer auf, laufen quer durch Nairobi zu den Baustellen, zum Schlachthof, zum Güterbahnhof und versuchen dort, einen Job als Tagelöhner zu bekommen. Für 2,50 Euro pro Tag.“

Das sind 30 Cent Stundenlohn, denke ich erschrocken.

Seblewongel führt meinen Gedanken weiter: „Davon geht aber noch die Miete ab. Glaub bloß nicht, dass jede Hütte den Bewohnern auch gehört! Die Frauen bewachen das Haus vor Einbrechern bei Tag und Ratten bei Nacht. Oder sie sammeln Müll, um die Hütte gegen Regen abzudichten.“

Ich versuche, mir Kibera im strömenden Regen vorzustellen und die Bandenkriege, die Prostitution, den Drogenhandel. Das ganze Horrorszenarium ist mir auf den Magen geschlagen.

„Möchtest du einen Schluck Wasser?“ Seblewongel greift in ihre Umhängetasche auf dem Beifahrersitz.

„Nein danke, ich möchte lieber recht bald das Gegenteil“, sage ich.

Sie lacht. „Toiletten gibt es hier nicht. Wäre es heute heißer, würdest du das sogar durch die geschlossene Autoscheibe riechen.“

Jetzt ist mir vollends schlecht. „Aber über eine Million Menschen müssen doch irgendwo …“

„… in die Plastiktüte, jawohl. Dann gut verknoten und, wenn keiner hinschaut, so hoch und so weit wegwerfen, dass niemand merkt, woher die Scheiße kommt. Wer dabei ertappt wird, kriegt Prügel. Deshalb fliegen die Tüten meist nachts."

Ich fasse es nicht. Trotzdem fällt mir ein, dass man früher das Autoblech über den Radkästen „Kotflügel" nannte. Aber für Witze ist mir längst zu elend.

Endlich, Seblewongel hupt vor einem Eisentor, ein Mann öffnet, wir fahren auf ein fußballplatzgroßes Gelände und sind in einer anderen Welt.

Rund zwanzig bis dreißig Jungen und Mädchen zwischen schätzungsweise sechs und zwölf Jahren in kakifarbenen Boyscoutmänteln, mit blauem Barett auf dem Kopf, korrekt geknotetem Halstuch und blauen Kniestrümpfen stehen Spalier und salutieren, als wir aus dem Auto steigen. Irgendwo hinter ihnen entdecke ich Ole Ronkei. Er ist vom anderen Slum-Ende her hier angekommen und bedeutet mir lachend, ich solle ja alles mitmachen, was die Kinder jetzt veranstalten. Ein Teenagermädchen tritt vor, grüßt militärisch und bittet mich – wörtlich! – mit ihr „die Ehrenformation der christlichen Pfadfinder von Kibera" abzuschreiten. Also gut, wir spielen Horst Köhler und Angela Merkel. Ein paar Meter weit, dann löst sich das Ganze in helles Kindergelächter auf.

„Normalerweise mag ich solch pseudomilitärisches Tschingderassabum ja nicht", sage ich kopfschüttelnd.

Ole wischt sich eine Lachträne aus dem Augenwinkel. „Wir auch nicht, aber die Kinder bestehen drauf! Disziplin und Drill und Uniform – das ist für sie eine heiß geliebte Gegenwelt zu dem Chaos, in dem sie leben."

Jeden Samstag bekommen auf diesem gepflegten Gartenstück mit seiner kleinen presbyterianischen Kirche und einem Mehrzweckgebäude mehrere Hundert Kinder Hausaufgabenhilfe,

Spielangebote, Kinderbibelstunden, machen Sport und Wettspiele. Und finden dort Menschen, die ihnen zuhören, mit ihnen beten, ihre Probleme lösen helfen. *Compassion International* bezahlt Seblewongels Gehalt und die Sachkosten, alles andere wird von jenen acht Ehrenamtlichen gemanagt, die mich jetzt zu Tee und Kuchen in ihr Büro bitten.

„Warum wurden während der Unruhen die Kirche und das *Compassion*-Projekt weiter vorne in Kibera abgefackelt und euer Anwesen hier haben die Killer verschont?", möchte ich wissen.

„Weil die Eltern der Kinder, die wir betreuen, sich schützend vor unserem Tor versammelt hatten. Sie haben sich den Macheten-Männern in den Weg gestellt, während ihre eigenen Hütten brannten."

Ich versuche, mir die Szene vorzustellen. „Eure Arbeit muss diesen Eltern unglaublich viel bedeuten", sage ich und muss mich um eine feste Stimme bemühen. Es ist still geworden in dem dämmrigen Raum.

„Aber in dem zerstörten Gemeindehaus an der Hauptstraße lagen unsere Aufzeichnungen über diese Gruppe hier. Wir untersuchen die Kinder doch medizinisch, wir notieren ihre motorische, geistige und soziale Entwicklung, wir achten auf ihre Ernährung, wir feiern ihre Geburtstage – all diese Unterlagen sind beim Anschlag im Januar 2008 verbrannt. Die brauchen wir aber als Grundlage für qualifizierte Elterngespräche." Auch Ole ist sehr ernst geworden.

Würde man diese „pädagogischen Tagebücher" auf EDV umstellen – für 68.000 Kinder in 287 kenianischen Projekten –, dann wäre das für einen Verwaltungs-ITler sicher keine unlösbare Aufgabe. Aber woanders würde er für dieselbe Arbeit mehr verdienen …

Eine Mädchengruppe bittet uns in die Kirche. Wir sollen doch endlich ihren Formationstanz anschauen.

„Ich wasche mein Gesicht, ich putze meine Zähne, ich trinke meinen Tee, ich laufe zur Schule, ich lerne viel – und das hilft mir hier raus!", singen die Achtjährigen rhythmisch mit Inbrunst.

Und da ist er wieder, der Kloß in meinem Hals. *Hoffentlich,* denke ich. *Hoffentlich bringt euch eine gute Bildung hier raus. Ihr wisst genau, bei aller kindlichen Unschuld, dass ihr im größten Slum Afrikas lebt. Und dass ein solch unbeschwerter Hüpftanz nur hier bei* Compassion *möglich ist. Wo ihr Kinder sein dürft und nicht um euer Überleben kämpfen müsst.*

Seblewongel sitzt neben mir, und wir klatschen kräftig Zustimmung, als die Mädchen Ole Ronkei auffordern mitzutanzen.

„Wenn sie hier auf unserem Gelände bei Wettspielen etwas gewinnen – ein Spielzeug oder eine Süßigkeit –, dann dürfen sie das nicht mit nach Hause nehmen", flüstert mir die Projektleiterin ins Ohr, „die Kinder würden jenseits des Tors sofort überfallen werden. Und manche Eltern würden ihnen das Geschenk abnehmen und es verkaufen."

Ole tanzt immer noch. Jetzt wird auch Seblewongel aufgefordert mitzumachen. Die kleinen Mädchen platzen fast vor Stolz. Ich gehe an die frische Luft und schaue über die Talsenke. Wo die Hölle aufhört und der Himmel anfängt, da stehen wahrscheinlich Engel als Wächter. Zwei davon tanzen gerade in der kleinen Holzkirche da drinnen.

Mörder beim Grillfest

Wir hocken auf einer umzäunten Obstwiese unter Bäumen, hoch über dem Dorf Enoosaen in den grünen Bergen des Massailandes, und außer einer lebhaft meckernden Ziege, einem Messer und ein paar Blechschüsseln ist nichts da – keinerlei Grillgerätschaften, keine Teller, kein Besteck, nichts.

Ich muss an Deutschland denken: Holzkohle- oder Gasgrill mit höhenverstellbarer Aluwanne, Abdeckhaube mit Holzknauf, daneben ein Servierwagen mit Haushaltspapierrolle, Servietten, kristallgläsernen Gewürzstreuern, Grillsoßenflaschen in den Variationen Knoblauch, Chili, Senf, Ketchup, Mexikanisch und Süßsauer. Knoblauchbutter im Tontopf, akkurat nebeneinander der blitzblank glänzende Pfannenheber, eine lange Grillzange, mehrere mittlere und kleine Steakmesser sowie eine Gabel. Feueranzünder und Feuerlöscher in Griffweite unten auf dem Rasen. Diesem Gesamtkunstwerk präsidiert: der Gastgeber! Tusch. Dicke Tennissocken in breiten Birkenstocksandalen, hagere weiße Beine, kurze Hose, darüber eine schwarze Schürze mit der Aufschrift „Chef de Cuisine" oder „Papa ist der Beste".

Warum fällt mir diese urdeutsche Sommergarten-Idylle jetzt ein?

Hier in Kenia lacht die Sonne, die Vögel zwitschern, ein leichter Wind lässt die Blätter wispern. Ole Ronkei, sein Bruder William, sein Schulfreund Joseph Yiampoi und der junge Joshua Naleke, ein entfernter Verwandter, haben mich zum Grillen eingeladen. Sie sitzen in ihren besten Hosen und Hemden auf der Erde. Und sie tragen ihre vermutlich besten schwarzen Schuhe. Ole im schicken Pullover wirkt erwartungsvoll. Irgendetwas Wichtiges liegt in der Luft.

Zack – da hat Joshua die Ziege zu Boden geworfen und ihr den Dolch durch den Hals gezogen. Joseph fängt das hervorschießende Blut in einer Schüssel auf und setzt sich auf die noch strampelnden Ziegenbeine. Der nächste Schnitt geht längs vom Hals bis zwischen die Hinterbeine, das Muskelgewebe fatzt zurück wie ein breiter Gummigurt, graue und dunkelrote Eingeweide quellen aus dem Bauchraum heraus. Irgendetwas, das aussieht wie ein großflächiges gelbliches Netz – der Magen? –, kommt zutage und wird an einen Busch gehängt. Bevor Joshua den Kopf abtrennt, die Därme ausdrückt und mir wahrscheinlich gleich schlecht werden wird, beteilige ich mich lieber am Entzünden des kleinen Lagerfeuers aus Buschholz.

Meine Frau ist tapferer, sie fotografiert das Gemetzel. Dann gibt ihr Ole mit einem entschuldigenden Lächeln zu verstehen, was wir am Morgen bereits vereinbart haben: Sobald das Fleisch verteilt wird, ziehen sich die Damen bitte ins Haus zurück. Gespräche am Feuer sind traditionell reine Männersache. Wir sind hier im Massailand, und Oles Verwandte würden nur mit sehr viel gastfreundlicher Toleranz akzeptieren, dass eine Frau dabei mitredet.

„Ein bisschen Diskriminierung ist halt immer", flüstere ich ihr zu.

Sie schüttelt den Kopf. „Ich fühle mich gar nicht diskriminiert. Denk einfach an zu Hause: Männer treffen sich zum Stammtisch, Frauen gehen zusammen shoppen. Männer verabreden sich zum Fußballgucken und …", jetzt schmunzelt sie schelmisch, „… in manche Kinofilme gehe ich auch lieber mit Freundinnen als mit dir."

„Zum Glück für mich …", muss ich zugeben.

„Eben. Also mach dir um meine Gleichberechtigung mal keine Sorgen. Viel Spaß dann!"

Und weg ist sie.

Erst jetzt kommt ein alter Mann – über seinen Anzug hat er eine graue Windjacke gezogen – den Hang hinauf, begrüßt mich freundlich, indem er meine Hand mit beiden Händen ergreift und lange festhält, nickt dann in die Runde und kauert sich zwischen Busch und Zaun ins Gras. Er bekommt als Erster von Joshua einen daumendicken Streifen Ziegenfleisch gebracht, auf einen angespitzten Baumzweig gespießt.

Das also ist er, der jüngere Bruder von Oles ermordetem Vater, der viel zitierte Onkel, der zweite *Juniorvater*, der Ole erst auf die *Primary School* nach Enoosaen und dann aufs Internat nach Nairobi schickte und der keine Frau für ihn aussuchte oder anzahlte. Er heißt Nangea, oder formal korrekt „Mzee Ole Nangea".

Als Zweiter bekomme ich meinen Ast-mit-Ziegenfleisch gereicht und halte ihn übers Feuer. Erstaunlich, wie gut das riecht, wie rauchig-würzig es auch ohne Salz oder Pfeffer schmeckt – und wie hartnäckig es zwischen den Zähnen bleibt.

Ole ist der Nächste. Die Mahlzeit folgt also einer Hierarchie. Das Gespräch auch?

Tatsächlich ist es dann auch der alte Nangea, der zu reden beginnt, und Ole übersetzt ihn. Offenbar weiß er bereits, was ich wissen will, und falls sein Neffe ihn in der Übersetzung nicht etwas „aufpeppt", ist Nangea ein intelligenter und klarer Erzähler, finde ich.

Für Fremde unsichtbar, aber für Einheimische im Hinterkopf stets präsent, erfahre ich von ihm, sind die Grenzen der Stammesgebiete. Eine schlichte Schotterpiste kann die Demarkationslinie zwischen Völkern, Sprachen und Kulturen sein. Die Stadt

Sotik zum Beispiel ist längs der Durchgangsstraße zweigeteilt: in ein *Kisii-* und ein *Kalenjin-*Stadtviertel. Händler und Dienstleister überqueren ohne Probleme diese Grenze, man handelt und feiert sogar miteinander, aber man heiratet nicht untereinander. Als Präsident Jomo Kenyatta den wandernden Massai dieses Transmaragebiet hier zuwies und sie zur Sesshaftigkeit aufforderte, wollte er sie zwar vor Hunger und Dürrekatastrophen bewahren, aber er wollte auch das Abweiden bodenhaftender Pflanzen durch ihre Ziegen und Kühe in den fruchtbareren Regionen Kenias verhindern. Hatten bis dahin alle Massai alles Land als *unser* Land und sich selbst als *unser* Volk verstanden, gab es jetzt allmählich die familienbezogene Parzellierung von Grundbesitz, und man fing an, in Sippen und Hektargrößen zu denken. Oles Vater ahnte schon bei der Geburt seines ersten Sohnes, dass dies langfristig das Ende der Polygamie bedeuten könnte, denn von vielen Frauen bekommst du viele Kinder, aber je mehr Erben sich das Land teilen müssen, umso kleiner werden ihre Parzellen, und für die Herden der Enkel und Urenkel wird dann überhaupt kein Platz mehr sein.

Weil die Massai aber den Wert eines Grundstücks weder zu schätzen wissen noch zum Fruchtanbau nutzen, ermunterte die Regierung sie, ihr Land an die benachbarten Ackerbauvölker zu verpachten. Das war gut gemeint, schuf aber in der Praxis nur allgemeine Verwirrung: Ist das Land mit Brief und Siegel der private Grundbesitz einer Massaifamilie oder „gehört" das Land ihnen nur gewohnheitsrechtlich für die jahreszeitliche Dauer ihres Aufenthaltes?

Mzee Ole Komintai jedenfalls, der *Laiboni* von Enoosaen und oberste Repräsentant der *Uasinkishu-*Gruppe kenianischer Massai, verpachtete nichts, räumte auch niemandem befristete Nutzungsrechte ein und nannte „sein Land", was die benachbarten Luo als „leeres Land" betrachteten. Ole Nangea, sein jüngerer

Bruder, gesteht mir gegenüber ein, man wisse es nicht mehr so genau, aber irgendwann hätten die Luo plötzlich Mais und Bohnen auf diesem Gelände angepflanzt. Und Oles Vater hätte daraufhin gesagt: Dann bauen sie dort demnächst auch Häuser. Also trieb er seine Kühe ungeniert durch ihre – beziehungsweise seine – Felder. Bis sie ihn überfielen, gefangen nahmen und ihn an der Flucht hinderten, indem sie ihm die Achillessehne des rechten Fußes durchtrennten.

Fröstelt mich, weil das Grillfeuer ausgegangen ist und der Wind auffrischt?

In Mzee Ole Nangeas Anzughose klingelt es. Der vermutlich etwa 75-jährige Massai zieht ein Handy aus der Tasche und telefoniert.

Ole Ronkei grinst. „Das muss dich nicht wundern. Hier auf dem Land haben sie einfach die Festnetzperiode der Telekommunikation übersprungen, wie viele Völker in Afrika. Hier ging es vom Signaltrommeln direkt ins Mobilfunkzeitalter, ein Schnurtelefon besaß mein Onkel nie."

„Wir sind dann mit ein paar Mann aufgebrochen", fährt Nangea fort und schaltet sein Handy aus, „um unseren *Laiboni* zu befreien. Aber als wir ankamen, hatten sie ihm schon die Kehle durchgeschnitten und waren geflohen. Wir brachten dann neun Luo-Männer um. Seither ist Ruhe. Fast vierzig Jahre schon."

William, Ole Ronkeis Bruder, nickt zustimmend. Joseph Yiampoi und Joshua Naleke entfernen mit kleinen Zahnstochern die Ziegenfleischreste im Mund und heben anerkennend die Augenbrauen. Mir ist der Appetit vergangen. Moment mal – Mord verjährt nicht. Vor mir sitzt ein Mann, der mit der größten Selbstverständlichkeit ein schreckliches Massaker zugibt?

„Was heißt neun Luo?", frage ich in meiner Bestürzung ziemlich dämlich. „Woher wusstet ihr denn, dass es gerade diese neun waren, die Ole Komintai ermordet hatten?"

„Das wussten wir nicht. Es war ein Racheakt."

Mir verschlägt es die Sprache. Ein Blutbad an vermutlich Unschuldigen?!

Der alte Mann hat mein Entsetzen bemerkt, lächelt jetzt verlegen und schaut Hilfe suchend zu seinem Neffen auf.

„Aber das war ein Verbrechen!", entfährt es mir, eine Spur zu laut. „Das ist ein Fall für die Kripo und den Staatsanwalt."

Ole übersetzt dies seinem Onkel lieber nicht.

Die kühle Souveränität, mit der Ole mir im Folgenden diese Tragödie erklärt, macht ihn mir plötzlich fremd. Einen Augenblick lang kommt mir unsere Freundschaft wie eine positive Selbsttäuschung vor. Ich will ja gerne alles verstehen lernen, aber alles zu verstehen, heißt für mich nicht, alles zu akzeptieren.

„Polizeiliche Ermittlungen", fängt Ole an, „kommen in solchen Fällen a) immer zu spät, b) selten voran und führen c) fast nie zu einem ordentlichen Prozess oder einer Verurteilung der tatsächlich Schuldigen. Warum nicht? Weil a) die Sippe des Täters und die Sippe des Opfers längst wissen, wer es war, und b) beide gegenüber der Polizei schweigen, Indizien vernichten und Spuren verwischen, damit sie c) das Verbrechen nach eigenen Regeln ahnden können."

„Nach eigenen Regeln ahnden, ja danke schön", wende ich ein, und Opa Nangea spürt auch ohne Englischkenntnisse, dass der Ton zwischen mir und Ole frostig geworden ist, „kein Staat der Welt darf eine Paralleljustiz dulden, ein zweites Rechtssystem! Dann hast du in nullkommanix eine Mafia wie in Sizilien und Kalabrien."

„Du hast ja recht, und ich bin der Letzte, der so was befürwortet. Aber wie funktioniert hier im Massailand die stammeseigene Jurisdiktion? Die Hinterbliebenen des Opfers sind mehr an der Familie des Täters interessiert als am Täter selbst. Von dessen Inhaftierung oder von seinem Tod haben sie nichts. Von einer Wiedergutmachungsleistung seiner Familie schon! Also wird verhandelt. Früher galt: Für einen im Affekt oder im Suff Erschlagenen zahlte die Täterfamilie 49 Kühe. Für einen vorsätzlich und absichtsvoll Ermordeten zahlte die Täterfamilie lebenslang den Unterhalt für seine hinterbliebenen Frauen und den Unterhalt für seine Kinder bis zu deren Hochzeit."

„Wer kann denn das!"

„Ob du es glaubst oder nicht, die meisten schaffen es. Denn erst, wenn sich Täter- und Opferangehörige nicht über eine angemessene Restitution einigen konnten oder die Täterfamilie sich weigerte zu zahlen, kam es zu Blutrache und solchen Stammesfehden wie in den 60er-Jahren zwischen den Massai und den Luo. Meine Mutter hatte nichts von Nangeas Rachefeldzug. Sie zog mit uns Kindern zu ihrem Schwiegervater, meinem Opa väterlicherseits. Nicht zuletzt wegen ihrer völligen Armut als Witwe schickte man mich nach Nairobi ins Internat. Stammesfehden sind grausam und unverzeihlich, dafür verachtet die zivilisierte Welt regelmäßig die afrikanischen Völker, ich weiß, aber wie sieht die Alternative aus? Wie läuft die offizielle, die staatliche Strafverfolgung?

Irgendwann Anfang der 90er-Jahre verschusselte ein sturzbetrunkener Polizist aus Kilgoris seine Dienstwaffe und meldete sie als gestohlen. Am nächsten Tag waren je zwei Polizisten aus vier verschiedenen Bezirken da, verhafteten wahllos ein Dutzend junge Männer von der Straße weg, verprügelten sie auf der Polizeistation so lange, bis sie irgendwelche vermeintlichen Diebe denunzierten. Diese Unschuldigen holte man von zu Hause ab, vergewaltigte noch kurz ihre Frauen, nahm sie drei Tage mit nach Nairobi und ließ sie dann wieder laufen. Ich habe daraufhin einen Protestbrief an die Regierung geschrieben, und was war die Reaktion? Diktator Daniel Arap Moi, unser damaliger Regierungschef, schickte seine Schergen hier ins Dorf. Ich bin nur knapp einer Verhaftung entgangen. Zum Glück erkundigten die sich so auffällig und so plump nach mir, dass alle schwiegen und mich schützten."

Der greise Mzee Nangea ist aufgestanden. Er sagt – und das übersetzt Ole wieder –, es tue ihm leid, wenn er mich schockiert haben sollte, aber so war das damals nun einmal. Außerdem wollte ich doch detailliert wissen, wie Ole Ronkeis Vater ums Leben kam. Und schließlich habe er ja sofort anstandslos die Verantwortung für Ole, den Sohn des Ermordeten, übernommen. Und überhaupt …

Ich nicke, ich lächle, ich mache beschwichtigende Handbewegungen. Ole und sein Onkel reden auf *Ki-Massai* miteinander. William, sein Bruder, und die anderen Männer garnieren alles mit ihren typischen kehligen „Eh! Eh!"-Zwischenrufen. Die Atmosphäre entspannt sich wieder ein wenig, und Joseph Yiampoi rückt plötzlich so dicht an mich heran, dass sich unsere Schultern berühren. Seltsam. Ist hier Körperkontakt ein Mittel der Deeskalation?

Ole schlägt vor, gegen die heraufziehende Abendkühle noch mal das Feuer anzufachen. Joshua, der Jüngste, läuft ins Haus, um Tee zu holen.

„Ich will damit nicht sagen, dass alle Polizisten Kenias korrupt oder willkürlich gewalttätig sind", lenkt Ole ein und wieder schallen ihm etliche „Eh"s entgegen, „aber das Misstrauen der einfachen Leute gegen die staatliche, die westliche, die weiße Justiz – das sitzt hier sehr tief. Und das leistet der Neigung zur stammeseigenen Regelung von Straftaten natürlich Vorschub. Unter der Kolonialherrschaft bis 1963 galt derjenige als Held, wer die Briten am raffiniertesten ausbootete, reinlegte und abzockte. Der gemeinsame Feind und der gemeinsame Kampf ließen die Stammesunterschiede und -querelen schnell in den Hintergrund treten.

Familie Ronkei 2008

Schulkindersensation

Boy Scout Disziplin im Slum

Oles alter Schulweg

Schule wie ein Dorf in Südengland

Kamiru Gikkubu,
Ex-Guerilla, Konrektor
und Weggefährte

Ole Nangea –einer
der beiden Juniorväter
Ole Ronkeis

Drei Maissais und zwei Malessas

Seblewongel Asrat
aus Kiberia, Nairobi

Ole und die Tanzmädels

Die Wahrheit braucht keine Tempel ...

... aber manchmal ein
großes Gotteshaus.

Tee nach der Kirche

Ole und Renoi

Dann kam eine schwarze Regierung, Jomo Kenyatta und später Daniel Arap Moi, und plötzlich waren alle wieder ganz Angehörige ihrer Volksgruppe. Innerlich zerfiel das Land in seine Regionen und regionalen Mentalitäten und das hat sich bis heute nicht geändert. Die meisten Steuereinnahmen werden im Tourismus erwirtschaftet. Und wohin werden die Steuern investiert? Immer in diejenigen Provinzen, aus denen die Regierungsmitglieder kommen! Die öffentliche Hand verteilt ihr Geld nicht nach volkswirtschaftlichen Notwendigkeiten und Prioritäten, sondern nach innerparteilicher Bringschuld und Vetternwirtschaft."

Bayerisches Amigosystem, denke ich. *Franz Josef Strauß und Max Streibl, Flick-Affäre und Graf Lambsdorff, Walter Leisler-Kiep und Helmut Kohl.* Im Moment mag ich aber Ole noch keine Zustimmung signalisieren.

„Bei den Massai hat sich daraus eine unethische, absolut kritikwürdige Haltung herausgebildet. Den anderen zu schädigen, den Fremden zu täuschen – erst recht, wenn er mächtig ist – wird keineswegs als niederträchtig angesehen, sondern als Loyalität dem eigenen Stamm gegenüber! Diese Einstellung ändert sich meist erst, wenn ein Mensch bis auf den Grund seines Herzens von Jesus verwandelt wird und Gottes Geboten gehorchen lernt."

Jetzt nickt William, sein Bruder, besonders heftig. Den anderen Männern ist in der hereinbrechenden Dunkelheit nicht anzusehen, ob sie Oles frommen Schlusssatz teilen.

Aber eigentlich erwarte ich jetzt von Ole mehr – eine Erklärung, eine Stellungnahme, eine Art Bekenntnis, wie tragisch er selbst diesen dunklen Punkt seiner Familiengeschichte findet, welche Traumata – bewusst oder unbewusst – er vom Tod seines Vaters mitnahm und welcher Heilungs- und Versöhnungsprozess durch seinen Glauben an Jesus in Gang kam. Doch Ole schweigt und stochert in der heruntergebrannten Glut herum. Weil er das im Laufe der letzten zwanzig Jahre diesen Männern hier längst alles erklärt hat, vermute ich. Weil seine Stellungnahme sattsam bekannt ist. Oder weil ich, der mal eben aus Europa herbeigeflogene Naseweis, kein Recht habe, an solche intimen Schmerzpunkte seiner Familie zu rühren?

Runterschalten, um das Unsägliche nicht noch mal sagen zu müssen – diese Atmosphäre kennst du doch, fällt mir ein. Diese stickige Stille aus langen Seufzern, wenn mich meine Eltern auf Besuch zu älteren Leuten mitnahmen.

„Flüchtlinge" oder „Spätheimkehrer" hießen sie, und ich wusste nicht, was das bedeutet. Ich war im selben Alter wie Ole damals, so sechs, sieben Jahre wohl, saß mit meinem Diercke-Kinderatlas oder einem Malbuch am Katzentisch und hörte die Erwachsenen reden – von der „Ostfront" und „dem Russen". Ein Kind versteht nicht alles, bekommt aber alles mit. Das verbitterte Schweigen der ehemaligen Wehrmachtslandser über Schuld und Schicksal ihrer Kriegsteilnahme. Wie sie zwischen Eichenschrankwand und Fernsehtruhe die grauen Köpfe schüttelten.

„Wer den Krieg nicht erlebt hat, macht sich ja keine Vorstellung", an diesen Spruch erinnere ich mich noch gut. Und dann wieder nur das fiepende Ein- und Ausatmen ihrer Nasen und das monotone Klacken einer Standuhr.

Wenn eine gezielte Frage oder eine etwas forsche Bemerkung meiner Mutter solch eine unheilschwangere Pause erzeugte, dann hatte ich als Kind Angst, sie könne die Gastgeber verärgern. Das sollte sie aber auf keinen Fall, das durfte nicht sein! Die netten alten Leutchen hatten mir doch gerade ein Glas Himbeersaft hingestellt. „Aus dem eigenen Garten!"

Erst Jahre später, als Teenager, fiel mir ihre Sprachregelung auf: Niemand sagte *Terrorregime, Nazidiktatur* oder *Judenpogrome*. Alles war einfach nur *unter Adolf* geschehen, in der *schweren*

Zeit. Gefolgt von der *schlechten Zeit.* Und weil es zumindest bis zum Kriegsbeginn ja „alles gegeben hatte", war die schwere Zeit eigentlich keine schlechte Zeit.

Es ist eine empfindliche Abendkälte, die mich aus meinen Erinnerungen reißt.

„Dann musst du mir erzählen, wie du Christ geworden bist", sage ich.

Ole nickt und strahlt. „Gerne."

Die Gäste verabschieden sich. Beim herzlichen Händeschütteln merke ich: Wir haben alle in etwa gleich fettige Finger vom Ziegenfleisch. Als wir ins Haus zurückkommen, riecht es fantastisch nach Braten, und meine Frau hat ihr Siegerlächeln angeknipst.

„Vor dem Essen kommt hier immer eine Frau mit einem Krug Wasser in der rechten und einer leeren Schüssel in der linken Hand, hat ein Handtuch über dem Unterarm, reicht dir eine Seife und du wäschst dir, direkt am Tisch, die Hände. Und guck mal: Den allergrößten Teil vom Ziegenfleisch haben wir, die Frauen, bekommen. Mit Gewürzen, Reis und Gemüse zu einem gepflegten Dinner zubereitet." Sie lacht. Ihr Essen gab's auf Tellern. Mit Besteck und Servietten …

Wie wird man Christ, wenn ...

Die Massai sind Monotheisten, glauben also an einen einzigen Gott. Sie fühlen sich als „auserwähltes" Volk mit besonderen Privilegien. Sie vertrauen darauf, dass die strikte Einhaltung traditioneller Ge- und Verbote, Rituale und Gesetze ihnen Gottes Segen und Schutz sichert. Und sie sind bereit, Opfer zu bringen, aus Dankbarkeit für Erfolg oder als Sühne für geschehene Schuld.

Nanu?

Noch jedem Missionar ist aufgefallen, dass es zwischen der Religiosität der Massai und dem Judentum Parallelen gibt. Allerdings werden anders als im Alten Testament die „Opfergaben" nicht Gott selbst, sondern den Ahnen dargebracht.

Die Verstorbenen befinden sich nach Auffassung der Massai weder in einer Hölle noch in einem Himmel, sondern sie sind „bei Gott". Konkret heißt das, sie sind überall und immer dabei. Sie „leben unter uns", würde Oles Großvater sagen, und zwar sichtbar in Gestalt und Wesen der Kinder, Enkel und Urenkel und unsichtbar in Gestalt ihrer Wirkung. Es sind nämlich die Ahnen, die über die Einhaltung der traditionellen Vorschriften wachen und für den Erhalt der Sippe und für das Wohlergehen des Stammes sorgen. Den Sinnesorganen verborgen, aber nicht unmerklich arbeiten sie als segensreiche Strippenzieher im Hintergrund. (Ähnlichkeiten mit christlichen Engelvorstellungen wären hier rein zufällig.)

Tut jemand etwas Böses, schadet er nicht nur der Gemein-schaft – das kann er durch Reparationsleistungen wiedergutma-chen –, sondern er beleidigt und erzürnt auch die Ahnen. Dies kann er durch Opfer „bei Gott wieder in Ordnung bringen". Maß und Dauer sowohl der sozialen Wiedergutmachung als auch der religiösen Sühne bestimmt der *Laiboni*.

Dass Ole Ronkeis Vater eine solche Autoritätsperson mit quasi richterlichen Befugnissen war, hat der sechsjährige Junge nicht wirklich miterlebt. Denn wenn Streit zu schlichten oder ein Richterspruch fällig ist, sind die Kinder nicht dabei. Ob sich ein *Laiboni* von seinem Typ und seinem Selbstverständnis her mehr als beinharter Lordsiegelbewahrer der Tradition versteht, als geheimnisumwitterter Heiler oder als ein pragmatischer Lo-kalpolitiker – das dürfte für seine Kinder kaum nachvollziehbar sein. Nur auf eins legt der inzwischen westlich geprägte Dr. Ron-kei Wert (und wird nicht müde, es mir zu erklären): dass sein Vater kein *Schamane*, kein heidnischer Hexer, kein Zauberer war.

Woher er das wissen will, möchte ich wissen.

„Schamanen gibt es bei Animisten, also bei Völkern, die die Natur als göttlich anbeten und an eine prinzipiell göttlich beseel-te Natur glauben. Das tun die Massai nicht. Gott Engai wirkt *in* der Natur, aber die Natur *ist* nicht Gott selbst. In Europa und den USA, so scheint mir, pflegt ihr nur zwei extreme Haltungen gegenüber den *Laiboni*. Entweder sie werden als dämonische Voodoopriester verteufelt oder als bewunderungswürdige Alter-nativmediziner verehrt. In christlichen Kreisen sind sie der hin-terhältige Feind des Missionars, ein Bollwerk des Bösen. In eso-terischen Kreisen sind sie der naturversöhnte Gegenpol des Schulmediziners, eine Oase der Weisheit. Und weißt du was? So toll sind die in beidem nicht! Die Wahrheit ist viel banaler: Ein Massai-*Laiboni* in Ostafrika hat entweder keinerlei Kenntnisse von okkulten Praktiken oder er hat genug Angst vor ihnen. Außerdem verbietet es ihm sein Respekt vor den Ahnen, diese irgendwie zu instrumentalisieren. Er kann und er darf sie nicht zu eigenen kleinen Machtdemonstrationen ‚losschicken‘.

Der *Laiboni* wird von seiner Gemeinschaft zwar als eine Art Kontaktperson zu Gott betrachtet, als Übersetzer und Verkündiger des Willens Gottes, aber er hat bei Weitem nicht jene Autorität, die zum Beispiel ein geweihter katholischer Priester hat, wenn nur er die Sakramente spenden und die Absolution, die Lossprechung nach einer Beichte erteilen darf. Hinzu kommt, dass immer öffentlich überprüfbar sein muss, ob sein Reden und Handeln der Gemeinschaft genutzt oder geschadet hat. Als der ranghöchste unter den Dorfältesten ist er eine sehr öffentliche Figur. Hexer brauchen die Heimlichkeit. Eine Verwünschung oder ein Schadenszauber sind für den *Laiboni* viel zu riskant: Trifft den Verfluchten nämlich weder Unglück noch Tod, wäre sein Ansehen und sein politisches Gewicht dahin.

Dasselbe gilt umgekehrt für Heilungen. Das in Europa früher übliche Wort „Medizinmann“ überschätzt den *Laiboni*, finde ich. Diese Altherrenriege hat doch von Homöopathie, von Heilkräuterkunde, von Naturmedizin oder psychosomatischer Therapie viel weniger Ahnung, als ihr die Fans im Westen immer unterstellen. Und gerade in Sachen Heilkunde wirkt sich der Männlichkeitskult der Massai negativ aus, denn statt sich das Erfahrungswissen alter Frauen zunutze zu machen – von Hebammen beispielsweise, die schon zig Geburten begleitet haben –, werden Frauen erst gar nicht zurate gezogen. Was also macht der *Laiboni*, wenn ein Kranker zu ihm kommt und er weiß nicht weiter? Er veranstaltet eine Show, eine möglichst feierliche rituelle Inszenierung. Damit vermittelt er dem Kranken Geborgenheit, ein Aufgehobensein in der Gemeinschaft und Kraft zum Hinnehmen des Unvermeidlichen. Bestenfalls mobilisiert er den Willen und die Selbstheilungskräfte des Patienten. Er vergattert die Angehörigen mit Auflagen, besonders gut für den Kranken zu sorgen. Und wenn alles nichts fruchtet, dann schickt er den Patienten eben doch ins nächstgelegene Missionshospital, wo es nämlich Antibiotika im Schrank und einen Chirurgen am OP-Tisch gibt. Der Witz daran ist: Manche Patienten gehen nur deshalb zuerst zum *Laiboni* und erst dann ins westliche Krankenhaus, weil sie mit dem ausdrücklichen Segen des Dorfältesten dorthin gehen wollen. Sie erwarten von ihm kein magisches Heilungswunder, sie holen sich lediglich sein Okay ab."

Von dem gewaltsamen Tod seines Vaters Mzee Ole Komintai und von den grausamen Rachemorden seines Onkels sei ihm als Kind eher beiläufig erzählt worden, berichtet Ole. War es tatsächlich so, oder hat nur seine Erinnerung es als beiläufig runtergestuft? Ging man im täglichen Überlebenskampf wirklich zur Tagesordnung über, oder ist das die hilfreiche Verdrängung einer ansonsten unerträglichen Tatsache?

„Auf die Couch mit dir", möchte der Sigmund Freud in meinem Hinterkopf dazwischenrufen, aber da plaudert Ole schon weiter: Eingeprägt habe sich ihm viel mehr, dass er plötzlich mit seiner Mutter ins Boma des Großvaters zog, dass nun zwei „Juniorväter" für ihn zuständig waren – Noah N'taya und Ole Nangea – und dass einer der beiden ihn doch tatsächlich in die renommierte *Starehe Boys School* nach Nairobi brachte.

Und wieder spüre ich eine kulturelle Distanz zwischen uns. Meine Erwartung, ein reflektierter Mensch wie Ole Ronkei müsse mir doch das Ergebnis jahrelanger Selbsterforschung und „seelischer Verarbeitung seiner Kindheitserlebnisse" darlegen können, erfüllt er nicht. Sondern er redet stattdessen mit zunehmender Intensität von seinem Weg in den christlichen Glauben. In Starehe gibt es das Fach Religion, unterrichtet von einem italienischen Priester. Der etwa 11-jährige Ole ist von diesem temperamentvollen, quirligen Weißen mit den schwarzen Haaren fasziniert. Er beginnt, die Bibel zu lesen, und staunt, denn vieles kommt ihm irgendwie bekannt vor, oder es ähnelt zumindest dem, was sein Großvater daheim immer erzählte. Engai wohnt auf dem *Mount Kenya*, wie die kenianischen Massai sagen, oder auf dem Oldonyo Lengai, wie man in Tansania glaubt. Der biblische Jahwe offenbart sich Mose auf dem Berg Sinai. Geopfert werden dürfen nur makellose Tiere, am besten die erstgeborenen Lämmer. Das macht man zu Hause auch so. Wenn einer stirbt, wird er „versammelt zu seinen Vätern". Fast wörtlich die gleiche Formulierung wie bei einem Massaibegräbnis. Die Kinder sollen „bewahren, was sie gelernt haben von den Vätern, und in ihren Wegen wandeln" – genau darum geht es den Massai auch.

Als Ole in den ersten Ferien nach Hause darf und von der letzten Busstation in Kilgoris 18 Kilometer zu Fuß durch die Hitze ins bergige Weideland seiner Familie läuft, will er von seinen Erfolgen als Leichtathlet erzählen, von den Preisen, die er im Wettrennen, Speerwerfen, Weitsprung und Schwimmen gewonnen hat, und wie seine Klasse beim Rugbyturnier abgeschnitten hat. Sein Großvater fragt aber immer nur nach seinen Noten in Religion.

„Er war nicht etwa besorgt, ein katholischer Italiener könne mich vom rechten Massaiglauben abbringen, nein, ihm war daran gelegen, dass ich möglichst gut in Religion bin, dass ich die Bibel und den Glauben der Christen richtig verstehe! Der Grund ist typisch für sein Denken: Der Sohn eines *Laiboni* muss nicht unbedingt ein olympiareifer Sportler werden, sondern ein urteilsfähiger, religiöser Mensch."

Den entscheidenden Unterschied zwischen Engai und Jahwe, die Bruchlinie zwischen Massaireligion und christlichem Glauben erkennt Ole, als er sich mit Jesus von Nazareth beschäftigt.

Mehr als sein Religionslehrer prägen ihn jetzt der *Geist von Starehe:* die Atmosphäre seines Internats und der praktische Umgang zwischen Lehrern und Schülern. Er liest im Neuen Testament von Nächstenliebe und Barmherzigkeit, von Vergebung und Versöhnung, und das *Klima* von Starehe, das *gelebte Zeugnis* der Lehrer und Mitschüler bringt ihm auf unverkrampfte Weise diese zentralen christlichen Überzeugungen und Verhaltensweisen nahe.

Es ist sicher kein Zufall, dass er während seiner Pubertät mit 14, 15, 16 alles aufsaugt, was er über Jesus und seine Jünger zu lesen und zu hören bekommt. Er ist hin- und hergerissen zwischen der Verlockung, Gegensätze zum traditionellen Massaiglauben zu entdecken, und der Angst, sich damit an den Vorfahren zu versündigen. Ihn fasziniert die Radikalität der Bergpredigt, ihn begeistern, der mutige Märtyrer Stephanus und der oft zornige Briefeschreiber Paulus, ihn fesselt das Prinzip der Nächstenliebe bis hin zur urgemeindlichen Gütergemeinschaft und ihn ängstigt der Gedanke eines triumphal wiederkommenden Weltenrichters.

Gott wird Mensch? Jesus lehrte und lebte als Offenbarung des Willens Gottes? Opfer sind nicht mehr nötig, seit Jesus sich selbst zum stellvertretenden Opfer gab? Gesetze sind gut und wichtig, aber mit ihrer strikten Einhaltung erwirtschaftet man sich nicht den Himmel? Bei Gott gerecht gemacht sind wir einzig durch die Gnade? Jesus ist auferstanden, und *er*, nicht unsere menschliche Wohlanständigkeit, auferweckt uns zur „ewigen Seligkeit" im Jenseits? Der Teenager platzt fast vor Fragen.

Die Antworten seines Religionslehrers und die seines Großvaters fallen bei zwei Themen völlig gegensätzlich aus: Braucht der Mensch einen Mittler zwischen sich und Gott? Ja, sagt der katholische Religionslehrer, das ist Jesus. Nein, sagt Großvater, das sind die Ahnen.

Und: Soll man sich taufen lassen als Zeichen des Glaubensgehorsams und der Gemeindezugehörigkeit? Ja, sagt der Italiener. Nein, sagt Großvater, dieses Zeichen haben wir doch schon mit der Beschneidung gesetzt. (Und weder Ole Ronkei noch sein Großvater Ole N'tayia dürften damals geahnt haben, dass sie damit einen zentralen Streit zwischen den Aposteln Paulus und Petrus wiederholten.)

1977 findet in den Sommerferien in Enoosaen das Beschneidungsfest für ihn und seine gleichaltrigen Freunde statt. Ausgewählte Dorfälteste geben fünf Tage lang theoretische und praktische „Unterweisungen", was in Zukunft die Verantwortlichkeiten eines „jungen Kriegers" sind.

„Dass man vorher einen Löwen töten geht, war bis zur Einrichtung der Nationalparks tatsächlich erwünscht. Heute kommst du dafür in den Knast. Und wenn du keinen Löwen tötest, obwohl er deine Ziegen reißt, zahlen dir die Naturschützer sogar noch Ersatz. Dass man hinterher ein Mädchen vergewaltigen müsse, sind unausrottbare Horrorgeschichten. Touristenführer und Boulevardzeitungen brauchen halt exotische Anekdoten", sagt Ole und verdreht die Augen.

Nein, statt Mutproben sind *bereinigende Voraussetzungen* zu erfüllen. Die Eltern seiner Mutter zum Beispiel melden an, dass Oles Vater infolge seines frühen Todes nicht den Brautpreis zu Ende gezahlt hätte. Es bestehen also noch Versorgungsansprüche der jungen Witwe, und wenn ihr Sohn Ole Ronkei jetzt zum *Mann* wird, dann soll er gefälligst auch die Restschuld bezahlen. Man einigt sich: Mutters Eltern bekommen Kühe aus der zukünftigen *Erbmasse* des Jungen, denn ein eigenes oder gar selbst verdientes Vermögen hat der Siebzehnjährige schließlich noch nicht.

Die Vorbereitungswoche endet mit der feierlichen, schmerzhaften Zeremonie der Beschneidung selbst. Und dann, während einer fast dreiwöchigen Genesungszeit, werden Feste gefeiert.

Erst schlachtet Großvater eine Ziege für die Familie, dann eine Kuh fürs Dorf. Kurz darauf werden zwei oder drei Kühe für die angereisten entfernten Verwandten und Freunde geschlachtet. Wie Brandungswellen rollen die Gruppen herbei; die Grillfeuer werden nicht kalt, die Männer-Palaver nehmen kein Ende.

Besonders *religiös* geht es dabei nicht zu, erinnert sich Ole: „Als ein Onkel meinen Großvater fragte, was er von meiner religiösen Erziehung in Nairobi halte, antwortete dieser: ‚Was sie mit seinem Kopf anstellen, ist in Ordnung. Aber dass er jetzt Hosen trägt statt einen Umhang mit nichts drunter, das finde ich unhygienisch. Die Hosen der Weißen sind doch ein geschlossener Pupssack, da weht doch nichts weg!‘"

Nach seiner Beschneidung kommt Ole mit deutlich gestärktem Selbstbewusstsein ins Herbstsemester nach Starehe zurück. Irgendjemand gibt ihm den Tipp, es gäbe in der Baptistengemeinde von Nairobi christliche Studenten, die sich zum Bibelgespräch treffen und *Navigatoren* heißen. Ole geht hin und lernt Jeff Lyford kennen, einen jugendlichen Amerikaner aus Portland, Oregon. Ole lädt ihn zu sich ins Internat ein und Schulleiter Geoffrey Griffin erlaubt die Gründung eines „Bibelgesprächskreises der Navigatoren". So sitzen dann seit Sommer 1978 wöchentlich sechs bis zehn junge Männer auf den Stockbetten in Oles Zimmer und diskutieren Bibeltexte.

„Dann, im Januar oder Februar 1978, fand eine sogenannte *Youth Rally* des amerikanischen Missionswerks Jugend-für-Christus statt. Das waren klassische Evangelisationsabende mit Chor und Redner und dem typischen *Ruf-nach-vorne*. Ich war wieder hin- und hergerissen. Der Prediger redete von Sünden und Verfehlungen, mir fielen aber kaum nennenswerte ein. Ich hatte gute Noten in Betragen, ich war immerhin Präfekt für jüngere Schüler, ich trank und rauchte nicht, ich hatte nichts mit Mädchen, ich war der Sohn eines *Laiboni*! Dann forderte er

Zerknirschung und Reue und auch damit konnte ich kaum dienen. Die Handvoll Schülerstreiche und kleinen Neckereien auf der Bude hatten mir bisher kein schlechtes Gewissen gemacht. Ein völliger Bruch mit der Vergangenheit sei nötig, um ein Kind Gottes zu werden, rief der Prediger, ich hatte mich aber bisher immer als Kind Gottes gefühlt, und zwar gerade wegen meiner Herkunft! Die Massai *sind* Kinder Gottes, hatte ich von meinem Großvater gelernt.

Am Ende bin ich dann aber trotzdem aufgestanden. Ja, ich bin nach vorne gegangen und habe ‚mein Leben Jesus anvertraut', wie meine Bibelkreiskumpel es nannten. Warum ich das tat? Ich kann es im Nachhinein gar nicht plausibel erklären. Es war ein Impuls des Heiligen Geistes. Ich sage heute: Meine Bekehrung war ein innerer Prozess, der mehrere Jahre lang andauerte. Eine seelische, eine geistige und eine geistliche Entwicklung, die zum Ausbruch drängte. Der *Altarruf* bei Jugend-für-Christus war nur das Ventil dafür, war das öffentliche Bekenntnis von etwas, das sich bereits vollzogen hatte: Ich vertraue jetzt Jesus."

Die ihn rührend betreuenden Navigatoren aus der Baptistengemeinde machen sich Sorgen, ob Ole seine Bekehrung daheim auch mutig genug „bekennen" würde. Ob seine Familie einen bekehrten Jesusjünger akzeptieren oder ihn womöglich unter Druck setzen oder gar verstoßen würde. Beispiele furchtbarer Dramen aus muslimischen Familien gibt es in Nairobi zuhauf. Nichts dergleichen geschieht in Enoosaen.

„Großvater und die beiden Juniorväter hörten sich mein Bekehrungszeugnis an und erklärten es sich so: Klar, er spricht englisch wie ein Weißer, er kleidet sich wie ein Weißer, jetzt glaubt er auch an Jesus wie ein Weißer. Das müssen wir wohl akzeptieren, schließlich ist er der Sohn eines *Laiboni* und hat auch dessen spirituelle Autorität geerbt. Engai wird schon wissen, warum er das zugelassen hat", berichtet Ole.

Für westlich-christliche Ohren mag das paradox klingen: Ausgerechnet die Achtung, die die Massai ihren *Laiboni*s entgegenbringen, führte in Ole Ronkeis Fall zur bereitwilligen Tolerierung seines christlichen Glaubens.

So gelassen reagieren manche seiner christlichen Brüder und Schwestern nicht. Ob es denn bei seiner Bekehrung auch einen ordnungsgemäßen Exorzismus gegeben habe, wollen einzelne Charismatiker und Pfingstler von ihm wissen, eine rituelle Austreibung heidnischer Dämonen? Ob er sich denn schon von allen Fetischen und magischen Gegenständen getrennt habe, schließlich hätten zu Zeiten der Apostel die bekehrten Heiden ihre „Zauberbücher" verbrannt (Apostelgeschichte 19,18+19).

Als Ole mir aus dieser Frühphase seines Christseins erzählt, wird er untypisch ernst: „So etwas mag bei praktizierenden Zauberern, bei Okkultisten, bei offensichtlich Besessenen angebracht sein. Ich hatte nichts dergleichen gelernt oder kennengelernt, ich fühlte mich mit keinen dunklen Mächten im Bunde. Ich besaß einzig eine Kalebasse für Milch aus dem Nachlass meines Vaters – wenig genug. Ich hatte sie mit Steinen gefüllt, damit sie nicht so leicht von der Fensterbank meiner Studentenbude herunterfällt. Ein Fetisch? Unsinn. Ein Symbol, eine Erinnerung, ein Stückchen Heimat in Nairobi. Warum tragen Frauen im Westen die Brosche ihrer Großmutter am Revers? Warum werden Ringe oder Uhren oder Wertgegenstände vererbt? Weil sie Erinnerungsstützen sind, Symbole der Verbundenheit, lieb gewordene Zeichen. Wenn ich jemals einen wirkmächtigen *magischen* Fetisch im Besitz gehabt hätte, dann hätte ich ihn bei meiner Abschlussprüfung gebrauchen können."

Die nämlich endet im April 1981 mit einer Katastrophe.

Das Schlimmste war die Scham

Kinder in Schlafanzügen, mitten am Vormittag, hier in ihrer Schule? Die rund 25 Knirpse im Grundschulalter haben ihr Klassenzimmer mit Luftmatratzen und Isomatten in eine Bettenlandschaft verwandelt. Einige liegen mit einem Kuscheltier im Arm unter der Decke, andere kauern auf ihren Schlafsäcken, alle aber hören gespannt zu, weil ihre Lehrerin vorliest – in Jogginghose und Nachthemd. Mrs Bussell lächelt uns zu, als wir leise in den Raum schlüpfen und an der Tür stehen bleiben. Vorsichtig stakst sie zwischen den Lagerplätzen durch den Raum und rezitiert den Text mit theatralischer Betonung, wie Öl und Mehl der armen Witwe von Zarpat nicht weniger wurden, solange der Prophet Elia bei ihr zu Gast war. Eine Geschichte aus dem Alten Testament.

„Vorlesetage im Schlafanzug" gibt es bei uns in Kindergärten, vielleicht auch an mancher privaten Grundschule. An einer öffentlichen deutschen Schule aber – erst recht in einem „sozialen Brennpunkt" – wäre diese Szenerie vermutlich nicht durchführbar. Dabei leuchtet der Spaß an dieser Pyjamaparty allen aus den Gesichtern. Wir gehen ins Nachbarzimmer – dort erfüllt gespannte Stille den Raum. Jedes Kind hat sein Lieblingsbuch vor der Nase und studiert eifrig, was es nach dieser „Stillephase" daraus erzählen möchte.

Ein vielleicht Zehnjähriger bewegt stumm die Lippen, während er eine alte Ausgabe von *National Geographic* liest.

Ole Ronkei zeigt uns, wo zwei seiner vier Sprösslinge zur Schule gehen. Rampei, sein jüngster Sohn, ist stolz, dass wir auch in sein Klassenzimmer gekommen sind.

Es ist eine ehemals von den Wycliff-Bibelübersetzern gegründete Schule für Missionarskinder. Inzwischen wird sie aber von einem Trägerverein aus amerikanischen und asiatischen Hilfswerk-Mitarbeitern betrieben.

Ole sieht die Sache nüchtern: „Um qualifizierte Fachkräfte unter 40 nach Afrika zu locken, musst du eine gute Schule für ihre Kinder anbieten. Schulen sind aber nur so gut wie ihre Lehrer. Und gute Lehrer kosten Geld …"

Er macht eine bedauernde Geste. Will sagen: Es ist offenbar teuer, sein Kind hier unterzubringen.

„Der Staat könnte in dieser Schule auf eine bestimmte Quote für arme afrikanische Kinder drängen, sicher. Das tut er aber nicht, weil Grund und Boden und die Gebäude dem Trägerverein gehören, weil sie keine staatlichen Zuschüsse wollen und weil jedes kenianische Kind, das auch so hier unterkommt, schon mal keinen Platz mehr in einer öffentlichen Schule beansprucht."

Noch bevor wir irgendwelche Daten und Fakten über die *West Nairobi School* erfragen können, fällt uns die Atmosphäre auf. Die Kinder scheinen alle sehr „brav", die Lehrer sehr „locker" – ihr heutiges Outfit mag diesen Eindruck verstärken – und der Umgang miteinander ist von einer respektvollen Vertrautheit geprägt. Sogar bei den Teenagern scheint das so zu sein, als wir Oles 17-jährige Tochter Retoyia im Chemieraum besuchen, wo sie – vorschriftsmäßig mit Schutzbrille bewaffnet – den Bunsenbrenner unter einen Erlenmeyerkolben hält.

Das riesige baumbestandene Gelände in Hanglage fällt stufenweise zu einem Sportplatz im Tal hin ab. Drei große, offene Rundhütten sind die „Mensa", wo es für die Ganztagesschüler

Essen gibt. Hier lassen wir uns an diesem warmen Vormittag nieder, weil uns nach dem Abschied vom Schul-Archivar an der *Starehe Boys School* ja noch eine Frage im Herzen stecken geblieben ist.

„Warum ein Punkt fehlte und ich durchs Examen fiel?" Ole holt tief Luft und schaut einem großen Vogel nach, der bei uns als Bussard durchgehen würde. „Weil die Prüfung zur Universitätszulassung eine staatliche, eine externe, eine für alle kenianischen Schulen gleiche war. Die war nicht mal extrem streng oder unerreichbar schwierig, rein von den Fächernoten her hatte ich sie sogar bestanden. Aber in Kenia gab es damals nur eine einzige Universität und deren Fassungsvermögen regulierte man durch einen Numerus clausus. Ich lag einen Punkt unter dieser Aufnahmequote. Meine Lehrer von Starehe konnten es selbst nicht fassen. Ich war ein Einser-Schüler, ich war in den meisten Fächern Klassenbester, und ich gehörte zu den fünf Besten des gesamten Internats. Doch dann das! Schwarz auf weiß bekam ich es im April 1981. Das Schlimmste war die Scham."

Aus dem zum Garten hin offenen Chemieraum weht das Gekicher der Jugendlichen herüber.

„Die Scham vor deiner Familie im Massailand?"

„Nein, Kingasunye Komintai, meine Mutter, war sowieso nie davon überzeugt, dass die Weißen einem Stück Papier so viel Macht geben. William, mein Bruder, war vier Jahre lang auf die Grundschule in Enoosaen gegangen und hielt jedes Jahr, das jemand länger zur Schule geht, für eine Art Sitzenbleiben. Irgendwann einmal während meiner Starehe-Jahre tröstete er mich und sagte: ‚Du musst das nicht endlos weitermachen, Ole. Wir lieben dich auch als Versager.' Nicht mal mein Großvater konnte diese tiefe Verzweiflung nachvollziehen, in die ich da stürzte."

„Dann hast du dich vor …"

„… Geoffrey Griffin geschämt, natürlich. Er hatte gegen alle Regeln einen Massaijungen mitten im laufenden Schuljahr aufgenommen. Er hatte an mich geglaubt, in mich investiert, er war stolz auf mich, er wollte meinen dänischen Sponsoren einen erfolgreichen Absolventen präsentieren, ist doch klar. Sein pädagogisches Konzept war immer: Wir bilden keine Wissensroboter aus, wir bauen Charaktere! Junge Menschen mit Herzensbildung. Und jetzt musste er sehen, dass vor einer staatlichen Examensauswertungsjury doch wieder nur die kalten Fakten zählten, die Notenpunkte hinterm Komma, oder, noch schlimmer, die schiere Raumkapazität der einzigen Uni eines armen Landes! Es war niederschmetternd. Seinem optimistischen Naturell entsprechend tröstete er mich und sagte, ich werde auch so meinen Weg machen. Aber ich schämte mich ja auch vor meinem Freund Kamiru Gikubu."

Dem Guerrillakämpfer, denke ich, *dem ehemaligen Kindersoldaten.*

„… weil der es aus viel schwierigeren Startbedingungen heraus geschafft hatte. Und ich schämte mich vor mir selbst. Ich kannte mich selbst nicht wieder. Ich hockte wie in Trance auf meinem Zimmer und stand völlig neben mir. Ich hatte eine tiefe, zäh fließende Woche lang das Gefühl – hm, wie soll ich sagen –, ich könnte mich nicht mal auf mich selbst verlassen."

Mit großem Hallo öffnen sich plötzlich die Klassentüren. Horden von kleinen Schülerinnen und Schülern im Schlafanzug, aber mit festen Schuhen rennen ins Freie, mischen sich mit den normal gekleideten älteren Kindern, schreien durcheinander, necken und foppen und verfolgen einander.

Wir machen ihnen Platz und schlendern den Hang hinauf, in ruhigere Gefilde.

Ole bleibt stehen und schaut uns mit einem entschuldigenden Gesichtsausdruck an. Als käme jetzt etwas, was schwer zu glauben ist: „Ich träumte vor mich hin. Ich grübelte über mögliche Lösungen nach und war gedanklich davon so gefangen genommen, dass ich beim Motorradfahren um ein Haar im Graben gelandet wäre. Dieser Beinah-Unfall war mein Weckruf. ‚Wer hat was davon, wenn du wegen eines verpatzten Examens tödlich verunglückst?‘, fragte ich mich. Zu Hause stellte ich mich vor den Spiegel und sagte mir: ‚So. Da stehst du nun. Hinter dir gibt es keine Schulter, an der du dich ausheulen kannst. Dein Vater ist tot, deine Mutter und deine Geschwister verstehen dich nicht, eine Ehefrau hast du nicht. Zurück in die Welt der Massai willst du nicht. Hinein in die Welt der Weißen lässt man dich nicht. Du bist ohne einen Ort, Ole.

Und du bist ganz allein. Aber dein Gesicht da im Spiegel ist ein Ebenbild Gottes. Er hat dich geschaffen und er hat dich lieb. Musst du dich vor Gott schämen, der dich kennt? Nein.

Musst du dich vor Jesus schämen, der dich erlöst hat und der kraft seiner Auferstehung in dir lebt? Nein. Also. Dann hast du *sein* Leben in deinem Herzen und *dein* Hirn zwischen den Ohren. Mit diesen beiden Kraftquellen wirst du es schaffen.‘“

Einer der Lehrer ist uns den Hang hinauf nachgeeilt und Ole stellt uns einander vor. Ich habe gerade einen Kloß im Hals, und auch meine Frau ist noch so in Gedanken bei dem, was Ole erzählt hat, dass uns dieser sicher sehr ehrenwerte Mr Dings im Augenblick kaum interessiert. Zumal er jener Typ US-Amerikaner zu sein scheint, der seine erstaunlichen Erfolge mit größtmöglicher Lässigkeit aufzählt.

Toll, toll, toll. Und alles war eigentlich nur ein Klacks? Ist ja der Hammer.

Danke für die Erlaubnis, in die Klassen zu schauen. Alles Gute. Wiedersehen.

Es dauert ein wenig, bis wir oben am Parkplatz den Faden unseres Gesprächs wieder aufnehmen und in die fast intime Atmosphäre von Oles Schilderung zurückfinden.

„Wie denkst du heute über dieses Schlüsselerlebnis?", frage ich ihn.

„Es war meine tiefste Krise."

„Mich wundert, wie schnell dein Selbstvertrauen zurückkehrte."

„Eine Woche Elend ist lang. Und noch später wollte es mir Gott wohl nicht zurückgeben." Er lacht, öffnet den Wagen und setzt die Sonnenbrille auf, bevor wir losfahren.

„Kannst du eigentlich trauern?"

„Das fragt mich Renoi auch manchmal. Weil ich so wenig über den Tod meines Vaters berichten kann. Auf meinen erfolglosen Stareheabschluss bezogen würde ich sagen: Ja, ich habe beinah bis zur Selbstaufgabe getrauert. Aber ganz unten, wirklich auf dem Meeresgrund, hab ich die Verzweiflung als eine Art Starthilfekabel entdeckt."

„Kannst du weinen?"

„Erst seit dieser Zeit damals, so mit zwanzig, einundzwanzig. Uns wurde doch als Kinder eingebleut: Ein Junge weint nicht, und ein Laibonisohn erst recht nicht. Höchstens ganz, ganz heimlich aus Heimweh in den ersten Internatsjahren.

Im Januar 1996 ist meine Mutter gestorben. Wir waren Weihnachten noch zusammen gewesen, und alles schien in Ordnung, als wir nach Nairobi zurückfuhren. Sie war Diabetikerin und hatte eines Tages ihr Insulin nicht genommen, oder nicht genügend, was weiß ich. Jedenfalls war es zu spät, sie in ein Krankenhaus zu bringen. Wir bekamen den Anruf, dass sie gestorben sei, und fuhren natürlich sofort los. Als wir dann nachmittags um drei Uhr ankamen, hatte man sie schon beerdigt. Das ist üblich bei den Massai, nicht zuletzt auch wegen der Hitze. An ihrem Grab habe ich nicht geweint, aber auf der Heimfahrt umso mehr. Und manchmal weine ich um sie bis heute. Kingasunye, was für eine Frau!"

Hat er bemerkt, dass wir verstohlen nach einer emotionalen Regung bei ihm suchen, wenn er von seiner Mutter spricht?

„Traditionell werden bei den Massai aber nur die zu früh Gestorbenen heftig betrauert. Wenn zum Beispiel eine Frau in der Lebensmitte oder als junger Mensch tragisch ums Leben kommt. Dann nennt man nicht mehr ihren Namen, sondern nur noch die Namen ihrer Kinder. Man spricht von der Verstorbenen als ,derjenigen, die den Soundso geboren hat', oder ,die zum Glück noch in Gestalt des Soundso bei uns ist'."

Da ist sie wieder, diese verblüffend starke Generationenkontinuität, diesmal als Hilfsmittel gegen den Verlustschmerz.

„Und wenn jemand stirbt, bevor er Nachkommen hat?"

Jetzt, erst jetzt scheint Ole wirklich bedrückt zu sein. „Dann … dann ist es beinah so, als wäre er gar nicht da gewesen."

Wir schweigen eine Weile und schauen dem Slalom um die Schlaglöcher in der Straße zu.

„Es gibt allerdings noch eine Situation, bei der mir die Tränen kommen", macht Ole weiter, „wenn ich in einem *Compassion*-Projekt vor Kindern stehe. Wenn diese benachteiligten Würmchen hoffnungsvoll mit ihren Schulheften wedeln und wenn sie singen und tanzen …"

„Ich meine nicht Rührung, Ole. Ich meine Trauer. Verlustschmerz mit einer gehörigen Portion Wut. Trauer darüber, warum eine Katastrophe passieren musste."

„So schlimm wie die Scham über das verpatzte Examen hat mich nie mehr etwas gebeutelt. Die Krise damals hat mich stark gemacht, spätere Krisen besser zu überstehen. Vielleicht verlagere ich seither negative Erfahrungen immer sehr schnell ins Denken. Ich versuche, eine Niederlage möglichst rational zu analysieren und mit klarem Kopf zu überlegen, was jetzt sinnvollerweise getan werden muss. Und ohne zu viel aus unserer Ehe auszuplaudern, muss ich sagen: Es gibt Situationen im Alltag, da ärgert sich Renoi darüber, dass ich mich so wenig ärgere." Wieder lacht er kurz auf, schiebt die Sonnenbrille in die Haare und sucht im Innenspiegel den Blick meiner Frau. „Dann sage ich: ‚Liebling, wer hat denn was davon, wenn mein Blutdruck steigt?'"

„Und wie kamst du dann ohne Universitätszulassung doch noch an einen Studienplatz?"

„Durch meine Taufe, könnte man sagen."

Wozu sind denn schließlich Freunde da?

„Es war einmal, vor langer Zeit, als das Wünschen noch geholfen hat …" Als Jakob und Wilhelm Grimm in Kassel vor 150 Jahren einige ihrer Märchen mit diesem Satz beginnen ließen, half das Wünschen offensichtlich schon nichts mehr.

Es war einmal, vor 40 Jahren, als das Lernen noch geholfen hat … Das marode deutsche Bildungssystem und der globalisierte Arbeitsmarkt haben kräftig dazu beigetragen, dass weder ein gutes Realschulzeugnis noch das Abitur den jungen Menschen in Deutschland auch ein gutes Einkommen garantiert.

„Lern was Gescheites, dann verdienst du später gescheit" – dieses Versprechen der Aufklärung hat 250 Jahre lang gehalten und ist erst im letzten halben Jahrhundert gebrochen worden – von wirklichkeitsfernen Lehrplänen, von Schulamtsbürokraten, von ziel- und ratlosen, immer nur regional und wahlperiodisch denkenden Kultusministern, von moralfreien Personalchefs in der Wirtschaft und von Betrieben, die lieber Praktikanten beschäftigen, als Fachleute anzustellen. Seither gibt es langzeitarbeitslose Akademiker, hoch qualifizierte Aushilfskräfte und ein sogenanntes *Prekariat*, also Frauen und Männer um die 30 mit abgeschlossener Berufsausbildung, die nicht wirklich arm, aber dennoch finanziell nicht selbstständig sind und die sich deshalb weder das Heiraten noch das Kinderkriegen leisten wollen.

Seither gibt es wieder Großfamilien mit Drei-Generationen-Haushalten und Omas, die von ihren Ersparnissen die Studiengebühren ihrer Enkelkinder bezahlen.

Seither gibt es aber auch das Wort *Networking*. Wenn früher jemand einzig und allein durch Beziehungen eine Wohnung, eine Festanstellung oder einen lukrativen Auftrag bekam, dann hatte das ein „G'schmäckle", dann war das anrüchig. Wer in den 50er- und 60er-Jahren des 20. Jahrhunderts allzu offensichtlich um einflussreiche Bekannte herumschleimte, wer Steigbügelhalter brauchte und *Beziehungen spielen ließ*, der zog sich den Verdacht der *Seilschaft* und der *Vetternwirtschaft* zu, der war schlicht ein *Trittbrettfahrer*, ein *Günstling*, ein *Karriereparasit*.

So viel Vornehmheit kann sich die *Generation Praktikum* Anfang des 21. Jahrhunderts nicht leisten. *Networking* wird uneingeschränkt positiv bewertet, und der Satz: „Eine Hand wäscht die andere" hat, zumindest unter Berufseinsteigern, keinen negativen Beigeschmack mehr. Damit aber ist die Welt wieder ein Stückchen zueinandergerückt, denn das sahen die Afrikaner immer schon so.

Ole Ronkeis innigster Wunsch, studieren zu dürfen, ist im April 1981 geplatzt. Seine höhere Schulbildung, fast ein Jahrzehnt lang fleißig erworben, hilft ihm in diesem Moment nichts. Er muss nun auch noch sein Zimmer in Starehe räumen. Aber wo soll er hin? Nach Hause, Kühe hüten?

So verliert Ole nicht nur seinen Schlafplatz, sondern auch der Schülerbibelkreis seinen Treffpunkt. Da haben seine Freunde eine Idee: Sie bieten ihm an, in ihre Studenten-WG zu ziehen. Die Wohnung gehört der Studentenmission, und seinen Mietanteil muss er nicht in bar aufbringen, sondern er kann ihn *abarbeiten*: Neun Monate lang jobbt Ole in einer christlichen Buchhandlung der „Navigatoren", textet und druckt Flyer für deren Veranstaltungen und hilft im Büro aus.

Die Fluktuation in der WG von ein- und ausziehenden Mitbewohnern aus aller Herren Länder ist alterstypisch. „Mit Weißen auszukommen, habe ich zwischen Küche und Badezimmer gelernt, und zwar von der Pike auf", sagt Ole dazu nur lakonisch.

Nun befindet sich dieser frischfrommfröhliche Taubenschlag zufälligerweise in demselben Gebäude wie das Büro der *Association of Evangelical Churches in Africa and Madagascar,* kurz AEAM genannt. Dies ist eine kirchliche Dachorganisation, vergleichbar mit der deutschen *Evangelischen Allianz.* Die hat – auch das ist durchaus vergleichbar – notorisch zu wenig Geld. Man sucht aber gerade einen Sekretär, der den monatlichen Rundbrief und eine theologische Fachzeitschrift für Pastoren redaktionell zusammenstellt.

„Zunächst suchten sie nur jemanden, der den Rundbrief *zustellt",* lacht Ole, „also innerhalb von Nairobi packenweise in die Gemeinden fährt. Ich hatte zwar keinen Highschoolabschluss, aber einen Motorradführerschein. Also nahmen sie mich. Dann konnte ich aber meinen Mund nicht halten und gab Kommentare zu Stil und Inhalt des Rundbriefs. Außerdem machte ich Änderungsvorschläge und ich lektorierte und korrigierte die Texte immer öfter. So lernte ich viel interkulturelle Theologie und afrikanische Kirchendiplomatie kennen."

Massai sind nur als Nachtwächter oder Soldaten zu gebrauchen? Von wegen.

Als sich Ole Ronkei schließlich in der Baptistengemeinde in Nairobi zur Taufe anmeldet, muss er diesen Entschluss öffentlich begründen. Dieses sogenannte *Zeugnisablegen* ist in vielen evangelikalen Freikirchen üblich. Man kann das gut finden, weil es das Glaubensbekenntnis und den Entschluss des Taufbewerbers festigt, weil es wie eine Art Selbstvergewisserung seines Glaubens wirkt. Man kann das ablehnen, weil allein Gott die

Ernsthaftigkeit einer solchen Entscheidung kennt und weil eine Gemeinde keine *Bewerbungsgespräche zum Himmel* führen sollte und sich niemand anmaßen darf zu beurteilen, was Gottes Geist im Herzen eines Menschen bewirkt hat. Außerdem könnte die Glaubwürdigkeit eines Täuflings allzu leicht von seiner Rhetorik abhängen. Wie auch immer – als der Direktor der Navigatoren Oles *Zeugnis* hört, fällt ihm an diesem jungen Rundbriefverteiler etwas auf: wie gründlich Ole Ronkei über Parallelen und Unterschiede zwischen Massaiglaube und Jesusnachfolge nachgedacht hat und wie klar er seine Niederlagen und Enttäuschungen, seine Wünsche und Hoffnungen benennen kann.

Navigatoren-Chef Bruce van Wyk redet daraufhin mit Allianzleiter Tonkuboh Adeyemo, und als Ole Ronkei im Frühjahr 1982 getauft wird, hat er eine halbe Stelle als Redakteur des AEAM-Newsletters und ist Mitarbeiter einer theologischen Fachzeitschrift!

Der amerikanische Studentenmissionar van Wyk ist zufrieden: Er hat einen begabten Jungen gefördert und ihm eine Anstellung besorgt.

Der afrikanische Allianzleiter jedoch hat zwei Probleme: Der maßgebliche Mann seiner angesehenen Mitarbeiterzeitschrift für Pastoren ist kein Theologe, auch kein ausgebildeter Journalist, ja nicht mal Abiturient, und sein winziges Gehalt ist im Grunde ein schlechter Witz. Den Ruf, junge Leute auszubeuten und sie zu überfordern, kann und will sich die fromme Gemeindezentrale aber nicht leisten, egal, wie finanziell klamm sie sein mag. Da kommt auch diesem Manne eine Idee.

Dr. Adeyemo redet mit Professor Talitwala, dem Vizekanzler und operativen Geschäftsführer der privaten christlichen *Daystar University* in Nairobi. Trotz des strahlenden Namens ist sie damals nicht mehr als eine Fachhochschule, an der man Diplomabschlüsse in verschiedenen Geisteswissenschaften machen kann.

Gerade deshalb aber darf sie auch Studierende ohne staatlich bescheinigte Universitätsreife aufnehmen, Leute wie Ole Ronkei zum Beispiel. (Heute ist *Daystar* eine der größten staatlich anerkannten Universitäten Kenias mit über 5.000 Studierenden, die Masterabschlüsse anbietet.)

Als ihm der Allianzvorsitzende mitteilt, dass man sein Gehalt in ein Stipendium umwandeln könnte, da ist Ole klar: Er kann sich an der *Daystar* immatrikulieren in den Fächern Kommunikationswissenschaften und Journalismus.

Zweieinhalb stressige Jahre beginnen. Ole macht ein Vollstudium, jobbt in der Buchhandlung und im Büro der Navigatoren, er ist Redakteur der Allianzblätter, er muss sich seine Studiengebühren täglich verdienen und er wird erstmalig daheim im Massailand als ältester Sohn in die Pflicht genommen: Sein jüngerer Bruder William bittet ihn, eine Frau für ihn auszusuchen. Für unsere Ohren klingt das nach *arrangierter Ehe* und ruft westlich-europäische Skepsis hervor. Aber auf die Menschenkenntnis nahestehender Freunde zu achten, statt nur auf das eigene Bauchgefühl, hat auch was für sich: Lebenserfahrung statt Romantik. Was William mit seiner Bitte ausdrückt, ist: Mein älterer Bruder kennt mich möglicherweise besser, als ich mich selbst kenne. Ole hat eine objektivere Perspektive als ich, auf meine Lebenssituation und die Frau, die dazu passt. Ihm und seiner Einschätzung will ich mehr vertrauen als meinen momentanen Gefühlen.

Eine Frau finden – das hat in Williams Alter üblicherweise längst der Vater für ihn gemacht, aber der ist ja leider tot. Sein Großvater und sein Onkel zeigten bisher keine besondere Eile in Sachen Brautschau, und so drängt nun Mutter Kingasunye ihren Ältesten, er solle sich gefälligst um eine Frau für William bemühen.

Mag Ole Ronkei auch noch so westlich, weiß und christlich aus der Art geschlagen sein, diese Bitte wird er seiner Familie doch nicht abschlagen, oder? Natürlich nicht. Ole knapst von seinem sauer verdienten Geld noch Bustickets nach Enoosaen ab, führt endlose Gespräche, verhandelt viel und lang und verheiratet im November 1982 seinen *kleinen* Bruder mit einer *passenden* Frau.

„Zu beider Zufriedenheit, bis heute!", wie Ole betont.

Ist er bei diesen Auftritten im Dorf selbst ins Visier so manch eines Tochtervaters geraten? Mag sein. Aber die Männer im Dorf schweigen. Ole hegt schließlich auch seinerseits genügend Hintergedanken, über die es sich zu schweigen lohnt: Er möchte gerne im Ausland studieren. Im August 1982 bietet ihm ein ehemaliger Lehrer des Starehe-Internats, der Brite John Kirkwood, an, mit ihm auf eine Begegnungsfreizeit von Pfadfinderleitern nach London zu reisen.

„Ich kam zum ersten Mal in meinem Leben ins Ausland. In jenes Großbritannien, das ich mir neun Jahre lang im Starehe-Internat als eine Art Schlaraffenland vorgestellt hatte. Das Herkunftsland von Geoffrey Griffin, meinem Förderer. London, in meinen Augen wahrscheinlich Platz Nr. 2 nach dem himmlischen Jerusalem! Doch meine Enttäuschung war riesig. Natürlich wegen dieser unreifen, völlig überhöhten Erwartungen. Ich dachte, es sei dort kalt, aber es war schwülwarm. Ich dachte, alles sei blitzblank, aber es gab durchaus auch dreckige Viertel. Ich dachte, alle Londoner seien reich, aber wir wurden auf der Straße angebettelt. Ich dachte, bei Europäern funktioniert alles perfekt, aber Busse kamen nicht pünktlich, U-Bahnen fielen aus, in Veranstaltungen musste improvisiert werden. Vor allem aber merkte ich: Auch hier kosten die wirklich guten Universitäten wirklich gutes Geld. Das Idealprinzip der kostenlosen Bildung für alle Schichten wird nicht durchgehalten. Im Gegenteil, die britische Gesellschaft ist eine Standesgesellschaft. Es gibt vielleicht keinen Rassismus, aber es gibt soziale Grenzen. Subtil, vielleicht sogar unbeabsichtigt, aber überall spürbar wird dir bedeutet: Du bist ein Kolonialkind, das erst einmal dankbar zu sein hat. Uns Europäern wurde schließlich auch nichts geschenkt …"

In London entscheidet sich Ole, seine langfristigen Hoffnungen nicht auf England, sondern auf die USA zu setzen. Auch wenn er dafür noch härter arbeiten und noch eiserner sparen muss.

Im Frühjahr 1985 hält er sein Diplom in Kommunikationswissenschaften an der *Daystar University* mit der Note *summa cum laude* in Händen. Mit diesem Papier bewirbt er sich an 16 amerikanischen Hochschulen. Alle schreiben zurück, aber nur von einer kommt ein persönlicher Brief des Schulleiters. Peter Briggs von der *University of Oregon* in Eugene macht Ole Vorschläge, wie er sein Studium in den USA finanzieren könne. Damit ist seine Entscheidung gefallen.

„Da standen also fünf bis sechs einflussreiche Förderer an deinen Gleisen und haben die entscheidenden Weichen gestellt?", frage ich ihn, als er mir diese Geschichte erzählt.

„Und wie! Zwischen 20 und 30, wenn wir einen Menschen erwachsen, selbstständig, eigenverantwortlich nennen, gerade dann braucht er neue Ziehväter und -mütter. Wozu sind denn schließlich Freunde da? Und glaub mir, das wird bei euch in Europa auch immer häufiger so werden – Bildungschancen durch Beziehungen. Es muss natürlich alles mit rechten Dingen zugehen, keine Frage, aber es wird nichts mehr ohne *Networking* gehen."

Wem gehört Annabell?

„Wo steht der Bibelvers: ‚Du sollst kleinen Mädchen nicht die Schamlippen entfernen'? Wird irgendwo in der Bibel die Genitalverstümmelung verboten?"

Für eine Sekunde wird es meiner Frau und mir siedend heiß am Haaransatz. Dies ist doch hoffentlich nur eine rhetorische Provokation von Ole Ronkei, oder?

Wir sitzen auf der Terrasse seines Ferienhauses über den grünen Hügeln von Enoosaen. Jetzt geht's rund.

Nein, nicht zwischen ihm und uns, einem kenianischen Massai und einem deutschen Ehepaar, sondern zwischen ihm und seinem Freund. Joseph Momposhi ist zu Besuch. Er ist Mitte vierzig, hat sich in die typische rote Massaidecke gehüllt, hält in der einen Hand einen Stab und in der anderen den unvermeidlichen Teepott, fuchtelt aber mit beiden beeindruckend durch die Luft.

Er grinst und macht eine Kopfbewegung, die wohl ein Zugeständnis signalisieren soll. „Nein, wortwörtlich wird das nirgends verboten. Sklaverei wird auch nicht verboten. Aber beides sind grausame Unmenschlichkeiten und deshalb machen wir sie nicht."

Meine Frau und ich sind erleichtert. Zumindest, was Herrn Momposhi angeht.

„Aber warum nicht?", fragt Ole Ronkei unbeirrt weiter. „Warum habe ich meinen Großvater und meine Mutter schwer enttäuscht, als ich unsere zwei Töchter eben nicht beschneiden ließ, hm?"

Wir sind noch mehr erleichtert. So so, hat er also nicht.

„Weil es mit dem Geist Jesu unvereinbar ist. Weil es nicht dem Evangelium entspricht", antwortet sein Gegenüber und nimmt einen Schluck.

Ole Ronkei lässt seinen Gast aber noch nicht von der Angel: „Du und ich, Momposhi, wir sind die erste Generation Massai, die mit dieser Unsitte gebrochen hat. Und wenn überhaupt, dann lassen unsere Stammesältesten und unsere Mütter sich das auch nur von uns ausreden, nicht von Feministinnen, nicht von Politikern und nicht von …", Ole sucht den Blick meiner Frau und macht eine entschuldigende Geste, „… westlichen Frauen, die ihnen das Buch ‚Wüstenblume' von Waris Dirie unter die Nase halten oder die Charta der Menschenrechte oder sonst ein Stück Papier. Wir, ihre Söhne, müssen ihnen vorleben und erklären, warum das aufhören muss! Weil wir genug Bildung besitzen, um zwischen göttlichen Geboten und kulturellen Gewohnheiten zu unterscheiden. Den einen muss man gehorchen, die anderen kann man ändern."

Draußen, auf der Hangwiese zum Tal hinunter ist jetzt ein Mann aufgetaucht und ruft etwas in unsere Richtung. Ich erkenne ihn auf die Entfernung nicht sofort.

„Mein Bruder lädt euch für morgen zum Frühstück ein", übersetzt Ole. „Wollt ihr?"

Gerne.

Jetzt ruft Ole etwas in *Ki-Massai* zurück, einen sehr langen Satz. Länger jedenfalls als die einfache Auskunft: „Ja, sie kommen."

Was mag er ihm geantwortet haben?

Sein Bruder dort unten winkt und lacht.

Wir drehen uns wieder einander zu.

Joseph Momposhi ist auf dieselbe Grundschule gegangen wie Ole Ronkei, hat gegen den heftigen Widerstand seiner Familie das Gymnasium besucht und Theologie studiert und ist seit 14 Jahren Assistent des evangelisch-lutherischen Bischofs der Diözese Transmara. Ein ebenso begabter wie angesehener Pfarrer hier in der Gegend. Noch bevor wir einander vorgestellt wurden, muss Ole Ronkei ihm erzählt haben, was ich beruflich mache. Denn nach den massaitypischen Eröffnungsfloskeln um Kinder, Eltern und Gesundheit hatte er mir zwei Fragen gestellt: „Kennen Sie den deutschen Papst persönlich?"

„Nein."

„Kennen Sie die deutsche evangelische Bischöfin persönlich?"

„Ja."

Und dann hatte Pfarrer Momposhi erfreulich geradeheraus und unverblümt losgelegt: „Ich bin dagegen, dass Frauen Bischöfin werden, oder Pfarrerinnen sind, oder predigen, oder eine Gemeinde leiten!"

„Warum?", hatte meine Frau gefragt.

„Weil im 1. Timotheusbrief, Kapitel 3, Vers 2 steht: ‚Ein Bischof sei unbescholten, nüchtern, besonnen, ehrbar, gastfreundlich, zum Lehren begabt und der Mann einer Frau!' Da steht ja nicht: die Frau eines Mannes!"

„Moment", hatte ich protestiert, „die Betonung liegt auf ‚der Mann *einer* Frau'. Da geht's doch wohl um Monogamie statt Polygamie, um Treue statt Promiskuität, nicht um grundsätzliche geschlechterspezifische Eigenschaften. Alle Tugenden, die Paulus da von einem Gemeindeältesten fordert, können Frauen genauso besitzen."

„Und was ist mit ‚Das Weib schweige in der Gemeinde', 1. Korintherbrief, Kapitel 14 oder ‚Einem Weibe ist es verboten zu lehren', 1. Timotheusbrief, Kapitel 2, Vers 12?"

Keine Frage, Pastor Momposhi war bibelfest und hielt sein Plädoyer gegen das Frauenpastorat offensichtlich nicht zum ersten Mal. An dieser Stelle war Ole Ronkei dazugekommen und hatte sich auf die Terrassenumrandung gehockt.

„Bibelversfechterei bringt doch nichts", hatte er eingeworfen, „derselbe Paulus schreibt im Galaterbrief: ‚Hier ist nicht Mann noch Frau'. Dass Frauen priesterliche Funktionen übernahmen, war unter Judenchristen und bei orientalisch geprägten Heiden des östlichen Mittelmeers so undenkbar, wie es das heute bei den Massai ist. Das war halt geschichtlich und kulturell bedingt."

„Und das machen wir dem Paulus und den anderen Autoren der neutestamentlichen Briefe ja auch nicht zum Vorwurf", hatte ich beschwichtigen wollen, „genauso wenig wie die Tatsache, dass sie die Erde für eine Scheibe hielten" – aber da holte Ole Ronkei schon zu einem, nun sagen wir, schweren Haken aus.

„Das Predigtverbot für Frauen", sagte er, „hat nicht Jesus so angeordnet, sondern das ist eine kulturelle Rücksichtnahme. Du bist nicht gegen das Frauenpastorat, weil du ein bibelgläubiger Christ bist, Momposhi, sondern weil du ein Massai bist!"

Hui, das wollte der Bischofsadjutant nicht auf sich sitzen lassen: „Aber ich habe doch bewiesen, dass ich um des Evangeliums willen mit meinen kulturellen Traditionen brechen kann! Ich bin zum Beispiel gegen Mädchenbeschneidung!"

Jetzt hatte Ole Ronkei ihn da, wo er ihn haben wollte. Und fragte nach dem wortwörtlichen biblischen Verbot von Genitalverstümmelung. Um zu demonstrieren, dass man mit einzelnen Verszitaten oder der Feststellung ihrer Abwesenheit jedweden Quatsch *biblisch beweisen* könnte.

„Ewigen Geboten Gottes muss man gehorchen, zeitbedingten Traditionen nicht", wiederholt er und meine Frau pflichtet ihm bei: „Zweihundert Jahre lang hielten weiße amerikanische Christen es für biblisch legitim, schwarze Sklaven zu besitzen. Für uns heute unvorstellbar. Vielleicht wird es in Zukunft ähnlich unvorstellbar sein, dass man Frauen das Predigen verbot oder ihnen geistliche Leitungsqualitäten absprach."

Diesmal wiegt Pfarrer Momposhi den Kopf nicht zustimmend, sondern bedenkenvoll hin und her. Sein inzwischen kalt gewordener Tee schwappt kurz über den Tassenrand. Ihm ist aber offenbar ein Traditionsbruch eingefallen, mit dem er bei Ole Ronkei und uns punkten kann: „Obwohl ich ein Massai bin, lebe ich nicht polygam, sondern habe nur eine Frau. Und du doch auch, Ronkei!"

Jetzt grinst unser Gastgeber schelmisch. Erst zu seinem Freund, dann zu uns hinüber. „Richtig, aber mit der Polygamie gebrochen haben wir nicht, weil ein Vers aus dem Timotheusbrief es verlangt, sondern weil sich unsere Lebenswelt verändert hat. Polygamie hat sich erledigt. Feierabend. Schluss. Aus. Und darin sehen wir auch Gottes Wirken."

Als Köchin Sereya herauskommt und Tee nachgießt, während Pfarrer Momposhi ein Handytelefonat entgegennimmt, fragt uns Ole: „Darf ich euch einen Tipp geben, was ihr morgen meinem Bruder als Gastgeschenk mitbringen könnt? Bittet ihn, eine Kuh für euch zu kaufen!"

„Wie bitte?" Ich verstehe nicht.

Meine Frau auch nicht, obwohl sie schon einen Schritt weiterdenkt: „Wieso ist es ein Gastgeschenk für *ihn*, wenn er für *uns* eine Kuh kaufen soll?"

„Und, ehrlich gesagt, wir brauchen keine Kuh …", sage ich.

„Natürlich nicht. Es ist aber so: Mit dem Kauf einer Kuh beauftragt zu werden, das ist der größte Vertrauensbeweis, den ihr ihm machen könnt. Ihr ehrt ihn mit dieser Aufgabe, versteht ihr? Ihr macht ihm und seiner ganzen Sippe damit ein viel, viel größeres Geschenk, als wenn ihr irgendein putziges Dekorationsutensil mitbringen würdet."

„Verstanden, okay. Aber dein Bruder weiß doch, dass uns eine Kuh in Kenia nichts nützt und es deshalb de facto *seine* Kuh sein wird, stimmt's?"

Ole Ronkei schüttelt den Kopf und will gerade antworten, da hat Joseph Momposhi sein Telefongespräch beendet.

„War schwer genug", sagt er laut und greift zur Tasse. Er hat nicht gemerkt, dass wir inzwischen von etwas anderem reden.

„Was", will meine Frau wissen, „was war schwer genug?"

„Der Bruch mit der Polygamie."

Ein blitzartiges Lächeln, ein sekundenkurzer Blick zwischen den beiden Massaimännern verrät, dass sie sich ab jetzt wieder völlig einig sind.

Joseph Momposhi antwortet als Erster: „Meine Eltern wollten, dass ich es mal besser habe als sie. Alle armen Eltern wünschen sich das für ihre Kinder. Für den sozialen Aufstieg gibt es aber zwei untrügliche Kennzeichen: wenn der Sohn mehr Kühe und mehr Frauen hat als sein Vater. Als ich studierte, nur eine Frau heiratete und sagte, dass es bei der einen bleiben wird, da war das für meine Eltern wie ein Schlag ins Gesicht. Ihre Erziehung war gescheitert. Kennen Sie das nicht? Man hat Ziele im Kopf, die das Kind erreichen soll, und wenn es das nicht tut, hat man als Mutter oder Vater einfach versagt. Im Gottesdienst zu meiner Ordination – bei meiner Amtseinführung sozusagen – sprach ich über das Jesuswort aus der Bergpredigt: ‚Sammelt nicht Schätze auf Erden, sondern sammelt Schätze im Himmel, wo weder Rost noch Motten sie fressen.'

Und exakt während meiner Einsegnung in der Kirche wurde unser Haus von Unbekannten abgefackelt. Es war Brandstiftung, die polizeilich nie aufgeklärt wurde. Wir rannten hin, aber es war nichts mehr zu retten, und meine Frau bekam einen Nervenzusammenbruch. Am nächsten Tag stehen mein Vater und ich vor der verkohlten Ruine und er sagt: ‚Na bitte. Jetzt hast du nur noch Schätze im Himmel. Wie schön für dich. Deine schwangere Frau kann dir nicht beim Aufbau helfen, und weitere Frauen, die dir helfen könnten, wolltest du ja nicht." Joseph Momposhi hält seinen Stab fest in der rechten Faust, aber ein leichtes Zittern ist trotzdem zu sehen als er fortfährt: „Erst, als in der folgenden Woche die Gemeindemitglieder Balken, Steine, Möbel, Badezimmerarmaturen, sogar Matratzen und Bettzeug herbeischleppten und uns beim Renovieren und Einrichten halfen, knurrte mein Vater ein bisschen Anerkennung hervor. Dass es Solidarität über Familiengrenzen hinweg gibt, dass man zwar nur eine Ehefrau, aber in der Not viele verlässliche Freunde haben kann, darüber musste er dann doch staunen."

Ole Ronkei blickt kurz über die Schulter in die weitläufige Landschaft hinaus, als wolle er prüfen, ob sein Bruder auch wirklich weg ist.

„Mein Bruder William hat zum Beispiel zwei Frauen. Ein entfernter Onkel von mir hat fünf. Mein Großvater hatte vier. Und ich, mit meiner einzigen Renoi und nur vier Kindern? Mich hielten sie am Anfang für ein bisschen gestört. Sie glaubten, dass ich vielleicht insgeheim Angst vor Frauen hätte oder wohl noch zu sehr an meiner Mutter hängen würde. Und später hielten sie mich für schlichtweg egoistisch."

„Wieso egoistisch?", fragten wir fast gleichzeitig, wie aus einem Munde.

„Weil ich die Sicherheit und den Status der wohlversorgten Ehegattin nur einer einzigen Frau gönne und gewähre! Weil ich mein ganzes Geld nur für vier Kinder ausgebe. Weil ich den Kreis der Menschen, die von mir profitieren, sehr klein halte."

„Siehst du, Schatz, Monogamie ist unsozial", werfe ich auf Deutsch ein, aber das findet meine Liebste nicht witzig.

„Und warum hat sich die Polygamie dann historisch erledigt?", will sie von Ole wissen. „Weil die Frauen selbstbewusster werden, oder? "

Beide Männer schütteln den Kopf.

„Nein, weil es wirtschaftlich nicht mehr geht. Die Klimaveränderung bringt Dürrekatastrophen, die Dürre lässt die Herden kleiner werden, immer weniger Kühe müssen unter zu vielen Kindern und Enkeln aufgeteilt und vererbt werden. Die Kinder brauchen eine bessere Schulbildung, die jungen Erwachsenen müssen in die Stadt ziehen, alle wollen einen Erwerbsberuf, inzwischen auch viele Frauen. Gute Bildung ist teuer, Leben in der Stadt ist teuer und Arbeit für alle gibt es nicht. Also muss Schluss sein mit dem Kinderreichtum, Schluss mit Polygamie. Langfristig läuft das auch hier auf die europäisch-amerikanische Kleinfamilie hinaus."

„Bedauerlicherweise!", wirft Pfarrer Momposhi ein und merkt erst jetzt, dass auch seine zweite Tasse bereits leer ist.

„Warum bedauerlicherweise?", frage ich zurück, als wolle ich das deutsche Familienmodell verteidigen.

„Weil Ihre westlichen Ehen, weil Ihre Kleinfamilien in Europa zu viel Druck aushalten müssen." Jetzt hat Joseph Momposhi einen Haken gelandet. Erstrahlt da ein triumphierendes Lächeln auf seinem Gesicht? „Schauen Sie sich doch die Scheidungsquoten in Europa und Amerika an. Männer und Frauen sollen oder wollen füreinander alles sein – erfolgreicher Geldbeschaffer, fleißige Haushälterin, gute Köchin, umsichtiger Organisator, verständnisvolle Gesprächspartner, zärtliche Liebhaber, gute Väter und Mütter, am besten noch Nachhilfelehrer für die Kinder, gute Gastgeber für Verwandte und Freunde – Mann o Mann, wer kann denn das alles gleichzeitig? Ich bin kein Polygamist, und ich weiß, es führt kein Weg zurück in unsere überlebten Traditionen, aber ehrlich gesagt: Die Aufgabenverteilung in unseren afrikanischen Familien war da wesentlich entspannter."

Es ist dunkel geworden über den grünen Hügeln von Transmara – sehr plötzlich, wie immer hier am Äquator. Joseph Momposhi stellt seinen Teepott ab, erhebt sich und rückt die rote Wolldecke um seine Schultern zurecht.

„Gott segne Ihre Familie!", sagt er, und: „Gott segne Ihre Gemeinden!", als wir uns verabschieden. Dann tritt er auf die Kuhweide hinaus und geht mit ruhigen, federnden Schritten in stockfinsterer Nacht den Hang hinunter, auf die dichte Uferbepflanzung am Bach zu.

Unsere eigene Ehe muss spätabends im Bett mit einem Erwartungsdruck fertigwerden, der nicht durch die Monogamie entstanden ist:

„Hast du Ole mal gefragt, was so eine Kuh eigentlich kostet?", fragt mich meine Frau.

„Hab ich. Zwischen hundert und hundertzwanzig Euro."

„Was?! Das ist aber ein üppiges Frühstücksmitbringsel. Also nee!"

„Wir haben solche Beträge schon für nutzlosere Dinge ausgegeben."

„Das stimmt. Wenn du dauernd geblitzt wirst, zum Beispiel."

„Ich werde nicht dauernd geblitzt. Höchstens drei, vier Mal im Jahr."

„Aber meistens auf derselben Strecke."

„Wir sollten lieber besprechen, wie wir aus dieser Kuhnummer wieder rauskommen."

Ganz einfach. Als wir am nächsten Morgen das weitläufige Gelände des polygam verheirateten, analphabetischen Bruders von Ole Ronkei betreten, begrüßt er uns überschwänglich herzlich.

Ole übersetzt, was er auf *Ki-Massai* sagt: „Mein Bruder erzählte mir, Sie möchten mich mit dem Kauf einer Kuh beauftragen? Das ist wunderbar! Ich werde Ihnen eine besorgen. Die Kuh gehört dann Ihnen, die Milch uns, das erste Kalb dieser Kuh gehört Ihren Kindern und alle weiteren Kälber meinen Kindern. So bleibt für lange Zeit ein Teil Ihres Herzens in Kenia und ein Teil meines Herzens bleibt bei Ihnen!"

Wir sind platt. Bei uns werden Blumen verschenkt, die nach drei Tagen welken. Hier werden Beziehungen geschenkt, die jahrzehntelang halten können.

Während William Nangea redet, versuche ich, diskret die zwei Fünfziger aus meiner Tasche zu fingern.

„Und weil Sie so viel Aufmerksamkeit für meinen Bruder zeigen, weil Sie so viel Interesse für unser Volk und unsere Lage hier beweisen und den ganzen weiten Weg von Europa hergekommen sind, möchte ich auf keinen Fall Geld von Ihnen haben. Nein, nein, den Kauf der Kuh tätigen wir schon selbst. Kommen Sie, das Frühstück ist warm."

Ich schaue fragend zu Ole Ronkei hinüber. Will er jetzt, dass wir ihm die hundert Euro aufdrängen? Geht jetzt so ein orientalisches Höflichkeitspingpong los?

Aber nein, aber sicher, aber nicht doch, na gut?

Ole schüttelt stumm den Kopf und grinst. Sein Bruder hat sich bereits abgewendet und stapft vor uns her zu einem der drei kleinen Blechdach-Häuser.

Williams Frau und eine steinalte entfernte Verwandte erwarten uns dort mit roten und gelben Decken, in die sie uns einkleiden. Die Oma schenkt meiner Frau einen handgearbeiteten Massai-Armreif und zwängt ihn ihr auch gleich über die Hand.

„Aua … der ist so eng, der geht ja nie wieder runter!", wendet sie ein.

„Das soll er ja auch gar nicht", bekommt sie lachend zur Antwort.

Zum Frühstück gibt es gekochtes Ziegenfleisch und Maisbrei, lauwarm und ungewürzt. Aus den Augenwinkeln sehe ich, wie meine Frau auf ihrem Handy herumtippt, ein paar Schritte weggeht und nach einer Weile zurückkommt. Strahlend, hell wie dieser sonnige Morgen.

„Die Kinder lassen schön grüßen. Unsere Kuh soll Annabell heißen."

Verzeihung,
ist hier das Zentrum der Macht?

„Krawatte und gedeckte Farben bei den Herren, Abendgarderobe bei den Damen. Auch die Mitarbeiter für Bühnenbau, Licht, Ton und Kamera bitte in Kleidung dem Anlass entsprechend", so steht es im Produktionsplan, wenn der SWR einen Festgottesdienst im Fernsehen überträgt, einen Staatsakt mit Bundespräsident oder sonst eine feierliche Veranstaltung. So ungefähr drückt sich auch Ole aus, bevor wir im Bad verschwinden und uns für ein Abendessen im *Nairobi Club* aufbrezeln. Ein denkbar krasser Kontrast zum Milieu von Oles Verwandtschaft auf dem Lande.

Der großzügige Parkplatz des lang gestreckten alten Anwesens im Kolonialstil signalisiert schon, wo wir sind: Oles rostiger Suzuki ist das mit Abstand ärmlichste Auto hier. Der Rest sind Range Rover, Daimler, Jaguar und Lexus.

Unter einem Baum suchen zwei Herren in Uniform Schutz vor dem Nieselregen – es sind offenbar Chauffeure.

Die spärlich beleuchtete, mit dunklem Holz getäfelte Empfangshalle verströmt den zwiespältigen Charme eines altenglischen Schlosses, teils Ehrfurcht gebietend, teils furchterregend. Dazu passend empfängt uns die streng dreinschauende Dame mit der blondierten Betonfrisur hinter ihrem Rezeptionstresen. Sie braucht beide Hände, um ein großes, schweres Buch zu öffnen, in das Ole Ronkei unsere Namen in die Spalte *friends* (Freunde) einträgt.

„Nichtmitglieder kommen nur mit Empfehlung rein, oder in Begleitung", sagt er in gedämpfter Tonlage. Das Ambiente verleitet irgendwie zu leiserem Sprechen.

Ein Bediensteter in Anzug und schwarzer Fliege öffnet uns eine Tür. Ole ist hier also Mitglied?!

Der Raum, den wir nun betreten, ist riesig und genau so, wie man sich einen altmodischen englischen Club vorstellt: knarzender Parkettboden aus dunklem Holz, braune, dicke Ledersessel um gläserne Beistelltische, darauf internationale Zeitungen in hölzernen Leseleisten. Elfenbeingelbe Wandleuchten und Stehlampen verbreiten gedämpftes Licht. Im Hintergrund ein wuchtiger Billardtisch und eine noch wuchtigere Bar. Am anderen Ende des Saals führen große Glastüren hinaus auf eine Terrasse, von deren niedriger Mauerumrandung aus man „bei trockenem Wetter den Damen beim Kricket zuschauen kann", wie Ole es lachend beschreibt.

In meiner Fantasie sitzt dort drüben Ronald Tolkien neben C. S. Lewis und vergleicht den *Herrn der Ringe* mit den *Narnia-Chroniken*. Oder Lord Chamberlain gibt Winston Churchill gerade Feuer für eine Zigarre. Oder die gesamte Besetzung von *Stolz und Vorurteil* kommt in Kostümen herein. Nein, dies ist kein Filmset, dies ist der *Nairobi Club*. In echt.

Wir lassen uns auf einem der braunen Ledersofas nieder. Als der unvermeidliche Tee in hauchdünnen Porzellantassen nebst einer Etagere mit allerfeinsten Pralinen, Küchlein und Keksen serviert wird, müssen meine Frau und ich kichern.

„Kennst du noch den Sketch, wie Loriot in der Schlafzimmerabteilung eines Möbelhauses Matratzen testet", erinnern wir uns gegenseitig, „und Evelyn Hamann prompt einschläft? Und Loriot sich vom Verkäufer verabschiedet mit den Worten:

‚Wenn meine Frau aufwacht, nimmt sie gern etwas Gebäck zum Tee'?"

Wir nehmen gern etwas Gebäck zum Tee, da wird uns John Konchellah vorgestellt. Groß, massig, anfangs zurückhaltend, aber sehr freundlich. Er sitzt in der Geschäftsleitung der Nationalbank, sagt Ole, und ist ein Massai. Ach so?

Ihm folgt Wilson Ole Mosiany im senfgelben Sommeranzug, ein junger, aufgeschlossener, redseliger Software-Entwickler und -Berater. Er war vier Jahre in Harare/Simbabwe, sagt Ole, und sitzt hier im Management einiger Firmen – und er ist auch ein Massai.

Jetzt verstehen wir. Ole hat Bekannte aus der kenianischen High Society eingeladen, um uns zu zeigen: Ich bin nicht der Einzige. Massaikultur und Karriere schließen einander nicht aus. Angenehm zurückgenommen und entspannt tut er das. Was sich atmosphärisch auch auf seine Gäste auswirkt.

Nachdem John Konchellah klargestellt hat, dass dies ein rein privates Treffen ist und er nicht als Vertreter der kenianischen Nationalbank spricht, wenn ich bitte nicht als Vertreter einer deutschen ARD-Anstalt frage, verläuft unser Gespräch denkbar locker.

Auch Wilson Mosiany plaudert drauflos, frei von jeglicher wichtigtuerischer Bedeutungshuberei, die man bei deutschen Firmenhierarchen oder Verwaltungshirschen bisweilen antrifft. Im Gegenteil.

„Ich bin Mitte dreißig und noch immer Single", erzählt er freimütig, „weil sich Massaifrauen vom Dorf nicht an ein Leben in der Stadt gewöhnen können und eine Massaifrau aus der Stadt von meinen Eltern im Dorf nicht akzeptiert würde. Aber was anderes als eine Massaifrau käme für mich nicht infrage."

Ole grinst zu mir herüber. „Siehst du?!", soll das wahrscheinlich heißen.

Meine Frau hat ein gefaltetes Tischkärtchen zwischen Teekanne und Stövchen entdeckt und ihre Augen weiten sich erschrocken. „Wenn an diesem Tisch Ihr Mobiltelefon klingelt, zahlen Sie 10.000 Schilling Strafe", steht da drauf. Hektisch kramen wir nach unseren Handys. Das wäre ja noch peinlicher als im Kino.

Mitte dreißig? Dann könnte der alerte Computermann ja beinah der Sohn des würdevollen Bankers sein, denke ich noch, da tut Wilson Mosiany etwas Gewagtes. So jedenfalls erklärt es uns Ole Ronkei später.

Wilson, der Jüngere, kritisiert John, den Älteren, in unserer Anwesenheit für seine traditionsverhaftete Haltung: „Sie sind doch Banker, Sie können doch Kosten berechnen. Dann benennen Sie doch bitte mal die Kosten unseres Kultes um die Kühe! Kinder werden nicht zur Schule geschickt, weil man sie zum Hüten braucht. Gesellschaftliches Ansehen richtet sich nach Herdengröße statt nach Bildungsstand. Mädchen müssen irgendwen heiraten, weil die Brautpreisanzahlungen bereits laufen – die Währung Kuh, dieses veraltete Tauschmittel, nützt uns aber nichts in einer globalisierten Wirtschaft."

Der Banker bleibt ganz ruhig und wird sogar noch eine Spur höflicher, als er es ohnehin schon war. „Rein volkswirtschaftlich gesehen haben Sie recht. Mit Ihrer Beschreibung sozialer Nachteile auch", gibt er zurück, „aber ethisch nicht."

Es entsteht eine Pause. Ein livrierter Kellner sagt mit leichter Verbeugung, das Dinner sei nun für uns angerichtet.

„Kühe sind nicht einfach Wertgegenstände", führt John Konchellah weiter aus, „sie symbolisieren doch auch Wertschätzung, immaterielle Werte, menschlichen Respekt. Ich habe zum Beispiel noch nie Kühe nur deshalb verkauft, weil ich ein finanzielles Problem lösen musste. Sie", jetzt wendet er sich mir zu und steht auf, „Sie würden ja auch niemals, nicht mal in der größten Not Ihre Frau auf den Strich schicken, oder?"

Ein drastisches, aber einleuchtendes Beispiel, sicher.

Das Problem ist nur: Wenige Wohnviertel von hier entfernt, irgendwo in Nairobi, tun Männer genau das mit ihren Frauen. Väter tun das mit ihren Töchtern, ob aus Bösartigkeit oder aus Verzweiflung. In Kibera, im Slum, hat mir Seblewongel Asrat Hungerflüchtlinge gezeigt, Menschen, die keine andere Wahl hatten. Das Welternährungsprogramm der UNO schätzt, dass derzeit 3,8 Millionen Kenianer auf Nahrungsmittelhilfe von außen angewiesen sind, weil die Klimaveränderung eine Dürrekatastrophe im Norden des Landes auslöst, weil Ernten ausfallen, weil die Lebensmittelpreise um 130 Prozent gestiegen sind.

Als wir im Nebenraum an einer weiß gedeckten Tafel Platz nehmen und Ole uns zwei weitere Honoratioren vorstellt, wird uns zunehmend unwohl. Nicht, weil einer der neu Hinzugekommenen das Klischee vom verschlagenen Kommunalpolitiker bestätigt und – ganz im Gegensatz zu John und Wilson – weder mit uns noch mit Ole so recht was anzufangen weiß.

Nein, ungemütlich trotz leckerer Speisenfolge wird uns, weil alle vier die politische und wirtschaftliche Lage Kenias beklagen, als sprächen sie von einem fremden Land, als seien die verheerend rückläufigen Zahlen im Tourismus, im Blumenexport, in der Tee- und Kaffeebranche nicht auch ihr Problem.

John Konchellah macht die betrügerischen Börsenspekulanten an der New Yorker Wall Street dafür verantwortlich, dass Kredite für Kenia eingefroren oder zu horrenden Zinsen neu vergeben werden.

Wilson Mosiany kontert, die Weltbank habe einen 413-Millionen-Dollar-Kredit für soziale Aufgaben bewilligt, den hätte die Regierung aber in den Ausbau und die Renovierung von Behördenbauten gesteckt. Verantwortlich für die Misere sei aber vor allem der Bildungsnotstand und der völlig unzureichende Internetzugang Kenias.

Aber nie, zu keiner Minute dieses dreistündigen Dinners, fällt der Name des Präsidenten Mwai Kibaki oder des Premierministers Raila Odinga. Der eine ist ein *Kikuyu,* der andere ist ein *Luo,* und als sie sich im Januar 2008 gegenseitig den Wahlsieg streitig machten, kam es zu blutigen Ausschreitungen zwischen ihren Volksgruppen. Kenias Menschenrechtskommission beziffert die Zahl der Getöteten auf 1.162 Personen und schätzt die Zahl der Vertriebenen auf 350.000. In ihrem 200-seitigen Bericht wird Tourismusminister Balala namentlich beschuldigt, zur Gewalt aufgerufen zu haben. Was dieser natürlich vehement bestreitet. Aber hier, im *Nairobi Club,* sind die Pogrome irgendwie eine unvermeidbare Naturgewalt gewesen, ein bedauerliches Unwetter.

Vielleicht tue ich Oles Gästen am Tisch unrecht, aber so kommt mir ihr Gespräch vor. Machtgier? Korrupte Abhängigkeiten? Plünderung des Bruttosozialprodukts durch Kleptokraten in der Regierung? Fehlanzeige!

Kenia hat einen staatlichen Korruptionsbeauftragten, John Githongo, aber wie unabhängig darf der recherchieren, und wie wirkungsvoll kann er Verstöße bestrafen? Es kostet mich eine Menge Disziplin, den Mund zu halten und höflich zu bleiben. Dass ein Hamburger Sprichwort lautet: „Der Fisch stinkt vom Kopf her", ist das Äußerste, was ich mich zu sagen traue.

Ole bemerkt mein Unbehagen, und einige seiner kurzen, fast verschwörerischen Blicke zu uns herüber könnten bedeuten, dass es ihm ähnlich geht.

Insgeheim staunen wir, wie bescheiden er sich den ganzen Abend über zurückhält. Er hat uns mit interessanten Gesprächspartnern zusammengebracht. Das genügt ihm und das genießt er jetzt. Keine Spur von „Schaut mal, wen ich alles kenne", nichts von eitlem Repräsentationsbedürfnis ist bei ihm zu spüren.

Soll es ein Roter aus Südafrika oder einer aus Italien sein? Man stößt auf unsere Gesundheit an. Und auf unser Eheglück.

Und auf unsere Töchter daheim. Und dass wir bald mal wiederkommen nach Nairobi. Ich bekomme eine Krawatte geschenkt. Je netter alle sind, umso düsterer umwölkt sich mein Gemütszustand.

In solchen Clubs hier laufen die korrupten Verabredungen zwischen Wirtschaft und Politik, denke ich kurz vor der Toilettentür.

Die Vermutung liegt nahe, aber vielleicht sollte ich selbstkritischer bleiben. Kleine Kinder beim Spazierengehen halten schließlich auch jede verlassene Gartenlaube für eine Räuberhöhle.

Vielleicht ist das hier nur ein putzig postkoloniales Restaurant, in dem die neuen Reichen das Getue der alten Reichen nachahmen. Oder, noch banaler, es ist nichts weiter als eine Fünfsterne-Lounge, in der sich Geschäftsleute ungestört treffen können. Und falls es doch eine Art *Zentrum der Macht* sein sollte, dann sind die Mächtigen, die sich hier treffen, wohl ohnmächtiger, als wir denken.

Es ist kurz vor elf Uhr abends, als Sam Poghisio dazustößt, der *Minister für Telekommunikation und Medien,* wie seine Visitenkarte besagt. Direkt aus einer Ausschusssitzung im Parlament komme er, sagt er, und morgen früh um sechs gehe sein Flieger nach Brüssel. Er habe dort eine Sitzung mit EU-Kommissaren und mit FIFA-Leuten. Es gehe unter anderem um die Rechte der Fußball-WM-Übertragung aus Südafrika im Juni 2010. Der Mann ist tatsächlich todmüde und ganz sicher nicht unseretwegen hier. Sondern? Ich kriege es nicht heraus. Ole beglückwünscht er zu dem landesweit bekannten Erfolg der immerhin 287 kenianischen *Compassion*-Projekte für Kinder.

John Konchellah, der Banker, und Wilson Mosiany, der Informatiker, verabschieden sich bereits.

Als wir weit nach Mitternacht gemeinsam mit dem Herrn Minister in den Regen hinaustreten, rollt lautlos ein schwarzer

Daimler herbei. Mir fällt Bartolomäus Grill ein, der Afrika-Korrespondent der ZEIT. Bei ihm war zu lesen, dass die kenianische Regierung 40 Minister und 52 Vize-Minister habe, von denen jeder rund 15.000 US-Dollar im Monat verdient, aber nur 3.000 Dollar versteuern muss. Das sei sogar für afrikanische Verhältnisse ein Privilegienrekord.

Wir klettern in Oles alten Suzuki und rumpeln heim.

„Im Grunde", fängt Ole unaufgefordert an, „musst du dich in Afrika jeden Tag neu entscheiden, ob du von außen oder von innen mehr verändern kannst. Ob es für die praktische Umsetzung der Liebe Gottes mehr bringt, *in Opposition* zu Politik und Wirtschaft zu arbeiten oder *mithilfe* von Politik und Wirtschaft."

„Du musst dich nicht dafür entschuldigen, *dass* du Mitglied im *Nairobi Club* bist, Ole." Wir schauen uns an und müssen lachen. „Es genügt, wenn du mal erklärst, *warum* du dort Mitglied bist."

„Weil ich für die Kinder in unseren *Compassion*-Projekten nicht viel erreiche, wenn ich wie Johannes der Täufer im härenen Gewand auf der Terrasse des Clubs erscheine und den Politikern und Bankern eine Bußpredigt halte."

„Sondern?"

„Weil ich viel erreiche, wenn ich von innen heraus, im persönlichen Kontakt mit den mehr oder weniger Mächtigen unsere christlichen Werte und Maßstäbe deutlich mache. Wenn ich diese Plattform nutze, um informell und privat unsere Patenschaftsarbeit für Kinder bekannt zu machen und ihr Ansehen zu verleihen. Drei von den fünf Gästen heute Abend zum Beispiel kenne ich vom nationalen Gebetsfrühstück her, das ist ein Treffen christlicher Politiker."

„Dann bist du als Lobbyist im *Nairobi Club?*"

„Das möchte ich sein, ja. Ein Lobbyist der Liebe Gottes."

Drei leidenschaftliche Damen

„Wann sagst du einem Kind, dass seine Eltern Aids haben?"

Lea, eine Kinderärztin aus dem Zentralbüro des christlichen Kinderhilfswerks *Compassion International* in Nairobi, schaut mich fragend an.

Ich überlege. *Wenn es verstehen kann, was das bedeutet? Wenn es danach fragt? Wenn die Eltern bald sterben werden?*

„Und was sagst du den Eltern, die nicht wollen, dass du es ihrem Kind sagst?", fragt Patricia. Sie arbeitet als Religionspädagogin bei *Compassion,* und zwar „von der Liebe Gottes motiviert", erklärt sie lächelnd, „wie Ole Ronkei."

Gemeinsam sind wir zu Besuch in dem Bergdorf Enoosaen, mitten im Massaigebiet im Südwesten Kenias. Die Sonne sticht. Es ist gewittrig. Der Wind treibt Wolkenschatten in schneller Folge über das Gelände. Vom Dorf her dringt das nervige Knattern der Mopeds und das heisere Hupen alter Autos herüber.

Wir stehen jener Grundschule schräg gegenüber, die uns Ole Ronkei vor einigen Tagen als erste Station seines Werdegangs gezeigt hat. Diesmal hat er im Ort zu tun und setzt uns auf einer weitläufigen Wiese ab.

Geschätzte zweihundert Kinder zwischen vielleicht vier und vierzehn Jahren, alle in grünen Trainingsanzügen über einem gelben T-Shirt, toben und rennen herum. Zwei Jungen balgen sich im Gras, stehen aber sofort auf und Seit' an Seit' stramm, sobald ich in ihre Nähe komme.

„Hello! Good Morning, Sir!"

Kaum bin ich an ihnen vorbei, kloppen sie sich weiter. Ich finde das sehr beruhigend. Sie sind offensichtlich ganz normale Kinder.

Lea und Patricia treffen heute Janet N'aamy, die Leiterin von „KE 307", wie dieses Projekt in der Verwaltungssprache von *Compassion International* heißt. Es ist eines von etwa 287 in Kenia, in denen zusammen rund 68.000 Kinder betreut werden.

Betreut, das bedeutet nicht, dass *Compassion* weltweit Kinderheime oder Internate betreibt. *Compassions* Engagement läuft anders: Lokale Kirchengemeinden, Freikirchen, evangelikale und charismatische Gemeinschaften stellen fest, welche Hilfe für die Kinder ihres Dorfes oder ihres Stadtteils überhaupt benötigt wird. Mangelernährte Kleinkinder in einem Dürregebiet brauchen zum Beispiel andere Hilfe als drogengefährdete Teenager in einem Großstadtslum. Wenn eine Gemeinde durch persönliche Kontakte, durch Hausbesuche oder Umfragen weiß, was zu tun ist, und bereit dazu ist, diese Not zu lindern, dann kann sie sich an *Compassion* wenden und einen Fachmann bestellen, der dann den Bedarf an pädagogischer, sozialer, medizinischer und geistlicher Unterstützung für bedürftige Kinder präzisiert. Dieser *Project Facilitator* (Projektmentor) bildet dann in mehreren Schulungswochenenden fünf bis neun Ehrenamtliche in der Gemeinde zu *Projektträgern* aus.

Die riesige Kinderschar im Freien formiert sich plötzlich zu einer langen Schlange. Nanu? Keine Rangeleien, kein Gedränge darum, wer Erster sein darf? Ach so, sie haben schlichtweg keine Eile, denn es geht zum Händewaschen.

Der Gesichtsausdruck der Kinder schwankt zwischen unverhohlener Neugier auf das Grüppchen Fremder, das zuschaut, und einem geradezu heiligen Ernst, mit dem die Seife am Wasserbottich weitergereicht wird. Kaum sind die Hände abgetrocknet, geht es dann doch ums Tempo, wer zuerst an den Tischen mit den Teekannen sitzt. Mit Milch? Mit Zucker? Die meisten wollen viel von beidem.

Und noch etwas muss offenbar schnell gehen: Immer drei oder vier Kinder pusten miteinander möglichst kräftig in ihre Tassen.

Janet N'aamy erklärt es uns: „Abgekühlten Tee kann man schneller hinunterstürzen. Denn nur wer ausgetrunken hat und seine Tasse zurückbringt, darf zurück an die Spielgeräte."

Das ist noch ziemlich positiv ausgedrückt, denn weit und breit gibt es nur ein Klettergerüst und eine Rutsche.

Als ich *Compassion International*, den Namen der Organisation, vor Jahren zum ersten Mal las, kam er mir etwas weinerlich vor. Internationales Mitleid?

Für mein Mitleid kann sich niemand etwas kaufen. Ich habe genügend behinderte, bettelarme oder sogar sterbenskranke Männer und Frauen interviewt, die beinahe übereinstimmend sagten: „Das Letzte, was ich brauche, ist Mitleid. Ich brauche Recht, Achtung, Menschenwürde, Solidarität, professionelle Pflege und genügend Geld dafür, klar. Praktische Hilfe brauche ich."

Aber *Mitgefühl*? Höchstens in dem Sinne, dass einer mitfühlt, mit-denkt und mit-erlebt, was ein Hilfsbedürftiger durchmacht und braucht.

Wahrscheinlich stand den amerikanischen Gründern von *Compassion* bei der Namensfindung eher das Wort *Leidenschaft* vor Augen. Sie wollten sich leidenschaftlich für Kinder engagieren, *passionierte* Helfer sein. In der Hilfswerkzentrale heißt es, dass die Speisung der 5.000 aus den Evangelien programmatisch inspirierend gewesen sei: Jesus sieht die Menschen, „empfindet

Erbarmen mit ihnen" (Matthäus 14,14), und dann regnet es nicht Manna vom Himmel, sondern es folgt ein konkreter Auftrag: „Gebt ihr ihnen zu essen!" (Matthäus 14,16).

Wir sagen, jemand wurde „in Mitleidenschaft gezogen", wenn er unverschuldet Schaden erlitten hat. Man müsste diese Sprachfigur mal positiv rumdrehen: Ich lasse mich freiwillig und absichtsvoll „in Mitleidenschaft ziehen", weil mir der Leidende etwas bedeutet. Weil ich ihn sogar liebe. Weil ich ihm beistehen will – in einer Haltung, wie Jesus sie empfand.

„Als er das Volk sah, hatte er Erbarmen mit ihnen, denn sie waren hilflos und erschöpft wie Schafe ohne Hirten" (Matthäus 9,36). Das griechische Wort für Erbarmen ließe sich auch mit „… ging es ihm an die Nieren" übersetzen.

Uns geht gerade an die Nieren, was Janet ihren Kolleginnen aus Nairobi zeigt. Die zierliche kleine Frau im sternchenbesetzten schwarzen Rock hat einen rot-weißen Blouson übergezogen. Ihr ist kalt.

Irgendwie kindlich naiv, aber ungeheuer emsig „präsentiert" sie ihr Projekt: „227 Kinder sind bei uns registriert. Es gibt Vollwaisen, Halbwaisen, Kinder aus sehr, sehr armen Familien, Kinder von Alkoholikern und eben auch …" Janet vernuschelt das Satzende, während wir ihr ins Gemeindebüro folgen, und Lea nickt verständnisvoll zu uns herüber.

Der Begriff „HIV-positiv" ist einfach zu schrecklich. Niemand spricht ihn gerne laut aus.

Lea, die *Gesundheitsspezialistin* aus der Hilfswerkzentrale in Nairobi, wiegelt auch gleich wieder ab: „90 % unserer prophylaktischen Untersuchungen drehen sich aber um ganz normale Dinge wie Sensorik, Feinmotorik, Sehschärfe, Reflexe und so weiter. Untersuchungen, die in jeder Kinderarztpraxis auf der

Welt gemacht werden. Wir checken das körperliche Wachstum und die geistige Entwicklung, um mögliche leichte Behinderungen frühzeitig zu erkennen."

Die Art, wie Projektleiterin Janet N'aamy ihr zuhört und zwischendurch immer wieder zu Patricia hinüberschaut, lässt uns vermuten, dass sie einen Heidenrespekt vor den beiden Damen aus Nairobi hat. Sind sie womöglich zu einer Inspektion von „KE 307" hier und unser Besuch ist nur der willkommene Anlass dazu?

„Wer hat entschieden, welche Kinder ins Projekt aufgenommen werden und welche nicht?", fragt meine Frau.

„Die Findungskommission der Gemeinde. Nach den Kriterien, die *Compassion* vorgibt." Janet antwortet, als wäre eine solche Auswahl das Leichteste von der Welt.

„Und welche sind das?"

Patricia ergreift das Wort: „Vereinfacht gesagt, suchen wir diejenigen aus, die am schlechtesten dran sind. Welche Kinder eines Ortes oder eines Stadtteils sind in ihrer Familie akut gesundheitsgefährdet, sozial gefährdet, verwahrlost? Welche Eltern haben sich bereits Hilfe suchend an die Kirche gewandt?"

„Aber Sie holen die Kinder ja nicht aus ihren Familien beziehungsweise aus dem Slum heraus", wende ich ein. „Sie bieten Ihnen jeden Samstag hier ein schönes Kinderprogramm aus biblischen Geschichten, Liedern und Spielen. Die Kids werden medizinisch untersucht, bekommen Hausaufgabenhilfe – und dann?"

Alle drei Damen nicken. Was bei *Compassion* in Ecuador oder Indien, auf den Philippinen oder auf Haiti eine tägliche Betreuung ist, das kann in Ostafrika nur eine Wochenendbeschäftigung sein, weil hier die meisten Kinder zur Schule gehen können.

„Anschließend schicken wir sie in ihre eigenen vier Wände zurück", sagt Patricia.

„So sie welche haben", setzt Lea mit bitterer Ironie ihren Satz fort. „Aber …", sie muss überlegen. Ich auch.

Hätte ich denn zufällig ein paar Hundert SOS-Kinderdörfer in der Tasche? Gut geführte moderne Internate, betreute Wohngruppen und mehrere Tausend hoch qualifizierte Sozialpädagogen?, frage ich mich.

Lea hat ihren Gedankenfaden wieder: „… aber wir wollen und können niemandem die Kinder wegnehmen! Wir wollen sie ja gerade nicht von ihren Familien entfremden, sondern wir wollen sie befähigen, in ihren Verhältnissen zu bestehen. Die meisten Kinder haben Geschwister zu Hause. Es ist erstaunlich, wie sich das, was ein Kind an Wissen und Erfahrungen aus dem Projekt mit nach Hause bringt, gerade unter den Geschwistern fortsetzt und multipliziert. Und die Eltern sind meist sehr stolz darauf, wenn einer ihrer Sprösslinge zu den Samstagstreffen geht. Sie sind sogar sehr kooperativ, wenn sie positive Veränderungen beobachten."

Patricias Augen beginnen zu leuchten und offenbar denkt sie gerade an viele andere Projekte in Kenia. „Wir machen Ausflüge mit den Kindern, wir gehen auf ausgedehnte Wanderungen, die Jungs bekommen Bastelmaterial, die Mädchen schneidern sehr gern. Wir malen, wir singen, wir beten. Manche der Kinder waren noch nie in einer größeren Stadt, andere noch nie in einem Nationalpark, fast alle haben noch nie biblische Geschichten gehört …"

Diese Geschichten scheinen allen dreien das Wichtigste zu sein. Die *Files*, die Personalmappen jedes Kindes auf Janets Tisch sind mit kleinen Pappreitern am oberen Rand der Seiten in vier Bereiche geordnet: kognitive Entwicklung, Entwicklung des Sozialverhaltens, körperliche Entwicklung und spirituelle Entwicklung. Letztere ist fett geschrieben und steht am Anfang einer jeden Akte.

„Wir wollen, dass die Kinder lernen, an Gott zu glauben, Jesus zu lieben und dem Wort Gottes zu vertrauen. Wir möchten sie zu ganzheitlich verantwortlichen Jüngern Jesu machen, zu reifen christlichen Persönlichkeiten …"

Ich schiele aus den Augenwinkeln zu meiner Frau hinüber, als Janet mit ihrer leicht piepsigen Stimme dieses Credo ihrer Organisation aufsagt. Wir müssen ein bisschen schmunzeln, weil es so rührend auswendig gelernt klingt.

„… die später einmal Verantwortung in Familie und Gesellschaft übernehmen können."

„Das machen wir natürlich altersgerecht", wirft Frau Religionspädagogin aus Nairobi ein. „Wir indoktrinieren die Kinder nicht oder zwingen sie zu irgendwas. Ich bin zum Beispiel für das Unterrichtsmaterial der Andachten und Bibelarbeiten zuständig, ich stelle die Stundenentwürfe, den Lehrplan, wenn Sie so wollen, den *Stoff* für die Kindergottesdienste zusammen."

„Für ganz Kenia?"

„Für 29 verschiedene christliche Konfessionen in ganz Kenia."

Oha. Aber eigentlich hätte ich es mir denken können. Wenn nicht *Compassion* selbst die Projekte betreibt, sondern immer und ausschließlich die örtlichen Gemeinden der Träger sind, dann wollen die auch ihre eigene theologische Linie fahren. Sie wollen ihr Verständnis biblischer Texte widergespiegelt sehen, ihre Überzeugungen in ethischen Fragen, ihren Frömmigkeitsstil, ihre liturgischen Traditionen.

Mir kommen zwei Straßen in den Sinn: die Ngong Road in Nairobi, auf der wir an schier endlosen Reihen von Kirchen und Kapellen unterschiedlichster Ausrichtung vorbeigefahren sind. Eine religiöse Ladenzeile christlicher Konfessionen sozusagen.

Und die Autobahn A 45 von Gießen nach Dortmund fällt mir ein, die Siegerlandstrecke. Wo in jedem Seitental ein anderes evangelikal bis charismatisches Trüppchen genau weiß, was allein rechtgläubig ist …

„Wie kriegen Sie das hin? Für alle Konfessionen einen gemeinsam akzeptablen Unterrichtsstoff zu schreiben?", frage ich.

„Indem ich an die Kinder denke. Und nicht an die Pfarrer oder Gemeindeältesten."

Dieses Lächeln müsste man fotografieren! Dieses unschuldige und doch verschmitzte Lächeln der frommen, klugen Patricia.

„Hat jedes Kind, das in ein *Compassion*-Projekt aufgenommen wurde und einige Jahre lang Ihr Förderprogramm durchläuft, einen Paten, einen Sponsor?", möchte meine Frau wissen.

Noch weiß ich nicht, worauf sie hinauswill.

Lea und Patricia wetteifern um die korrekteste Auskunft: „Ja. Die hauptamtlichen Mitarbeiter sind arbeitsrechtlich zwar bei der lokalen Trägergemeinde angestellt, und diese bezahlt ihre Gehälter und die Sachkosten …", fängt Lea an.

„… aber die Kirche vor Ort bekommt von *Compassion International* natürlich pro Kind eine Umlage erstattet. Dieses Geld wiederum hat eine Patin oder ein Pate in Kanada, den USA oder Europa gespendet", macht Patricia weiter.

„Aber wenn jetzt so ein, sagen wir, deutscher Sponsor seinem Patenkind hier im Massailand zu Weihnachten einen rosa Plüschbären schenken will?", setzt meine Frau ihre Frage fort. Ach so, sie schleicht sich an das heikle Thema persönlicher Beziehungen und Bevorzugungen heran. Ich bin gespannt.

Jetzt lachen alle drei *Compassion*-Frauen herzhaft und Janet antwortet: „Dann haben wir klare Regeln, dass Sponsoren zwar gerne Briefe schreiben und Fotos schicken dürfen und sich die Kinder immer wahnsinnig freuen, wenn sie Post aus fremden

Ländern bekommen. Aber individuelle Geschenke würden ja das eine Kind gegenüber den anderen ungerecht bevorzugen. Außerdem, bei aller Liebe, kann eine berufstätige Mittvierzigerin in Deutschland wohl kaum genau einschätzen, was sich ein Massaikind in seiner momentanen Entwicklungsphase am meisten wünscht. Deshalb sagen wir: Bitte sehr, beschenken Sie Ihr Patenkind, indem Sie einen Extrabetrag an *Compassion* überweisen. Wir beschenken dann, zum Beispiel zu Weihnachten, alle Kinder eines Projekts mit Dingen, die sie sich wirklich wünschen.ʺ

Janet ist inzwischen aufgestanden. Wir halten sie offenbar auf.

„Und wer ist der örtliche kirchliche Träger von KE 307?ʺ, möchte ich aber trotzdem noch schnell wissen.

„Kommen Sie, ich wollte es Ihnen sowieso gerade zeigen. Die Kinder sind bereits im großen Saal und möchten ein Lied vorsingen.ʺ

Der große Saal ist eine Wellblechgarage, ein Schuppen aus offenbar schon mehrfach gebrauchten Dachbalken und Eisenträgern, unverputzten Ytongsteinen und brüchigen Sandsteinquadern, zwischen denen der hart gewordene Mörtel in dicken Krusten herausragt. Die Wände sind kreative Materialkombinationen aus Sperrholz, Pappe und Plastik. Alles, was Fläche hat, wurde irgendwie nebeneinandergenagelt und mit verschlissenen Gardinen- und Vorhangstoffen notdürftig dekoriert. Der Raum ist voll mit ehemals weißen, jetzt gelbbraunen oder grauen Plastikstühlen. Nicht wenige sind an der Rückenlehne zerbrochen. Immer wieder geht mein Blick nach oben. Eine Decke gibt es nicht, sodass man, wenn Regen auf das Blechdach prasselt, wahrscheinlich kein Wort versteht. Und wenn die Sonne draufknallt, dürfte es drückend heiß werden. Auf der Bühne vorne stehen eine Schultafel und ein Keyboard. Kein Altar, kein Kreuz, keine Kanzel. Dafür liegen ein paar Zementsäcke im Hintergrund.

„Das ist sie also", flüstert meine Frau, „die *Maranatha Church of Enoosaen*. Sie hat 70 Mitglieder und meistens 100 Gottesdienstbesucher." Lea, die Ärztin, und Janet, die Projektleiterin, haben es ihr auf dem Weg erzählt. „Eine lokale afrikanische Pfingstgemeinde. Stell dir mal vor, was hier sonntagmorgens abgeht."

Ja, das ist sie also, denke ich, die viel zitierte Kirche der Armen. Von solchen Gemeinden ist in Missionsberichten, in missionstheologischen Abhandlungen, in tausend Examens- und Doktorarbeiten fleißiger Theologiestudenten an deutschen Universitäten und Bibelschulen oft zu lesen, was wir alles von ihnen lernen können – Ursprünglichkeit, Lebendigkeit, Unmittelbarkeit, Glaubensstärke. Das mag sicher vielerorts so sein. Und eine lebendige Gemeinde in einer ollen Werkshalle ist allemal besser als eine tote Gemeinde in einer barocken Prachtkathedrale. Keine Frage. *Aber bedeutet materieller Mangel auch Ideenmangel?, frage ich mich. Muss die Armut denn immer auch mit Schlampigkeit einhergehen?*

Ein Trupp Kinder hat sich an der vorderen Eingangstür versammelt. Jetzt kommen sie herein, ihr aufgeregtes Tuscheln verstummt ehrfürchtig, als sie uns sehen. Janet N'aamy geht an das Keyboard und strahlt die Kinder aufmunternd an.

„Hoffentlich gibt's heute Strom", höre ich Patricia noch hinter mir tuscheln, da hat Janet schon den Schalter umgelegt, und eine *Rhythm Box,* ein elektronisches Schlagzeug, wummert durch den großen Saal. Geschmeidig nehmen die Kinder den Rhythmus auf, wiegen sich beinah choreografiert im Takt und schnippen mit den Fingern. Janet drückt ein, zwei Akkorde, dann tritt ein bestenfalls Zehnjähriger vor und – singt.

Der Junge singt, es ist unglaublich! Ein glockenreiner Tenor, lange vor dem Stimmbruch, mit schwarzem Schmelz und Gospelfeeling. Das alles macht er vermutlich intuitiv, von Haus aus, von selbst sozusagen. Denn wer sollte ihm hier die Soulkoloraturen eines Stevie Wonder oder die Phrasierungen eines Michael Jackson beigebracht haben? Der Kinderchor schmettert die Chorusse, der Junge singt Soli und wir kämpfen wieder mal mit den Tränen.

„Das ist es", flüstert mir meine Frau zu, „was die haben und wir nicht."

Wieder draußen, im zügigen Wetterwechsel zwischen dunklen Wolkengebirgen und stechendem Sonnenschein, verabschieden wir uns von Janet N'aamy.

„Und wer motiviert die Kirchen, solche Projekte für bedürftige Kinder aus armen Familien anzufangen?"

„Dr. Ole Ronkei."

„In ganz Kenia?"

„In ganz Afrika. Bei Tausenden von Kirchengemeinden macht er das."

Worauf soll man wirklich stolz sein?

Kein Pokal, keine Plaketten, keine Medaillen. Kein geschickt beleuchtetes Abschlusszeugnis an der Wand, kein Zertifikat im Goldrahmen neben der Tür, nichts. Ich kenne Wartezimmer in Arztpraxen, da hängen mehr medizinwissenschaftliche Auszeichnungen und Ehrungen, als man sich merken kann. Selbst wenn man stundenlang warten muss und Zeit dazu hätte.

Ole Ronkeis Büro in Nairobi ist eine wohnlich ausgebaute Garage und an den wenigen freien Wandflächen hängen Kinderfotos aus *Compassion*-Projekten.

Dabei hat dieser Mann mehr Preise eingesammelt, als er selbst noch auswendig weiß. Seit seiner Ankunft in den USA im August 1985 macht Ole Ronkei eine wissenschaftliche Karriere, die man getrost *traumhaft* nennen darf: Im April 1988 verleiht ihm die Universität in Eugene den Preis *Überragendster Auslandsstudent von Oregon*, 1990 wird er Vorsitzender einer internationalen Studienstiftung, im selben Jahr macht er seinen Master in gleich drei Fächern – Kommunikationswissenschaft, Politologie und interkulturelle Anthropologie.

Es gab unter deutschen Schulrektoren, Fachhochschuldozenten und erst recht unter Universitätsprofessoren lange eine gewisse Geringschätzung gegenüber dem amerikanischen Schulsystem im Allgemeinen und seinen Examina im Besonderen. Jeder Realschullehrer hierzulande glaubte zu wissen, dass an den Hochschulen zwischen New York und San Francisco wohl doch mehr Baseball als Biochemie stattfände. Manche Prüfungskommission pflegte so ihre eigenen Vorbehalte und Vorurteile, wenn irgendwo anders als in Deutschland ein Examen bestanden oder ein Doktortitel erworben wurde. Diese Überheblichkeit hat die PISA-Studie vom Tisch gefegt, diese Skepsis haben die Bildungsrankings der OECD als peinlichen Irrtum entlarvt.

Skeptisch bleiben könnte man bestenfalls noch gegenüber der amerikanischen Vorliebe für Preise, Ehrungen und Urkunden, die ständig und überall von Stiftungen, Kirchen, Verlagen, Konzernen und Berufsverbänden verliehen werden. In der Musikindustrie können sich nicht mal mehr die Fachleute merken, in wie vielen Kategorien der *Grammy-*, der *Emmy-* und der *Dove-Award* eigentlich vergeben werden. Wenngleich das breite Publikum bei uns in Deutschland inzwischen sehr wohl unterscheiden kann, ob beispielsweise ein Filmregisseur den Nachwuchspreis der Hofer Filmtage oder einen Oscar gewonnen hat.

Trotz alledem gilt: Ole Ronkeis Leistungen sind überragend. Ja, das junge Paar hat seine Förderer überrascht und heimliche Skeptiker überzeugt. Renoi hat ihre Ausbildung im Hotelmanagement abgeschlossen, im Jahr darauf kommt Namunyak, ihre erste Tochter, zur Welt. 1992 die zweite Tochter, Retoyia. In dieser Zeit lädt die *Internationale Gesellschaft für Afrikanistik* Ole Ronkei nach Seattle ein und die *Daystar University* in Nairobi bittet ihn für das Sommersemester 1993 zu einigen Gastvorlesungen.

Ole schmunzelt. „Offiziell war ich dort Dozent, aber die meiste Zeit war ich Tutor für ihre Studenten und Doktoranden. Ich habe Tag und Nacht Examenskandidaten trainiert und stecken gebliebene Doktorarbeiten gelesen ..."

Die UNO-Menschenrechtskommission schickt ihn im Juni 1993 zur Konferenz nach Wien, seine Professoren in Eugene, Oregon, drängen derweil darauf, dass er seine Dissertation zu

Ende bringt. Das Thema heißt übersetzt: Medienethik und Pressefreiheit kirchlicher Publizistik im entwicklungspolitischen Kontext Kenias.

„Nicht gerade etwas, worum sich die Kunden einer New Yorker Buchhandlung reißen würden", wende ich ein.

„Stimmt", sagt Ole und lacht wiehernd, „aber ein Thema, das für die kenianischen Gemeinden unter Diktator Daniel Arap Moi damals sehr brisant war. Außerdem ist es doch allgemein so, dass fast alle Doktorarbeiten für Laien unlesbar sind, oder?"

Im Frühjahr 1995 hat die Universität von Oregon seine Dissertation angenommen und bittet ihn zum mündlichen *Rigorosum*. Dieses Furcht einflößende Wort bezeichnet übrigens auch an deutschen Universitäten eine formale Thesenverteidigung der eigenen Arbeit, bei der man zwar im Prinzip nicht mehr durchfallen kann, deren Ergebnis aber in die Bewertung der Arbeit einfließt.

„Ich erschien vor dem Dozentenkollegium mit nackten Beinen, in die rote Karasha-Decke gehüllt, mit einem Speer und einem Schild in der Hand. ‚Wenn es was zu verteidigen gibt, muss ich als Krieger kommen', erklärte ich der Prüfungskommission zu Beginn der Befragung. Die Professoren kriegten sich nicht mehr ein. Diese Anekdote kursiert an der Uni bis heute."

Der afrikanische Hirtenjunge aus einer überwiegend analphabetischen Nomadenfamilie hat es geschafft. 1994 war Meitamei, der erste Sohn, geboren. Ole, Renoi und ihre drei kleinen Kinder führen das Leben einer amerikanischen Mittelstandsfamilie am Nordpazifik, mit Wohnung, Auto, Freunden, einer netten Baptistengemeinde und sonnigen beruflichen Perspektiven. Und die *University of Oregon* will Ole als Dozent behalten. Auch die Simon-Frazier-Universität in Kanada will ihn haben und eine Fachhochschule in Phoenix, Arizona lockt ihn mit – wörtlich – dem heißesten Klima der USA.

Ganz unvermittelt lehnt sich Ole zurück, schweigt eine Weile und schaut an mir vorbei durch das Fenster auf die tropischen Bäume entlang der Toreinfahrt.

„Aber mein Herz wäre nie mehr leicht geworden."

Warum nicht?

Renoi hat in dieser Zeit eine besonders starke Sehnsucht nach Kenia. Sie will nicht undankbar sein gegenüber den Förderern in der Gemeinde. Ihre Kinder sind gebürtige US-Bürger, was zweifellos ein unschätzbarer Vorteil ist. Und trotzdem häufen sich die Momente, in denen Renoi am liebsten sofort die Umzugskartons auseinanderfalten würde. Ole geht es ähnlich. „Zehn Jahre USA sind genug", sagt er manchmal ganz unvermittelt bei Telefonaten, ohne dass er konkrete Gründe dafür nennen könnte.

„Es gab keinen echten Leidensdruck, aber eine unerklärliche Unruhe. Ich könnte jetzt ganz fromm sagen: ‚Gott rief mir zu, ich solle aufbrechen. Geh, Abraham, geh …'", versucht Ole eine Erklärung.

„Das Bild passt nicht", sage ich kopfschüttelnd. „Abraham sollte in ein Land ziehen, das Gott ihm erst noch zeigen wollte. Du wolltest schlicht nach Hause."

„Stimmt. Ich könnte jetzt psychologisieren und sagen: ‚Der Nomade in mir musste weiterziehen.' Nenn es, wie du willst. Wir wollten einfach zurück."

Renoi ist hereingekommen, um nachzuschauen, wo wir bleiben. „Im Wohnzimmer wird gerade euer Tee kalt", sagt sie. Sie setzt sich aber dazu, als sie mitbekommt, worüber wir gerade sprechen.

„Ich hatte mir eine Standardbegründung zurechtgelegt", erinnert sie sich, „die lautete: Afrika braucht meinen Mann mehr, als Amerika ihn braucht. Aber so was Geschwollenes sagte ich ja nur, um nicht zugeben zu müssen, dass wir einfach Heimweh hatten."

Renois Mitsängerinnen im Gemeindechor, ihre *Ersatzeltern* Pete und Dianne Pifer, alle Freunde in den USA zählen die offenkundigen Vorteile auf, die es hat, in Amerika zu bleiben. Ganz abgesehen von der politisch gefährlichen Lage in Kenia. Doch die beiden sind wild entschlossen. Sie brechen ihre Zelte ab. Der Abschiedsschmerz wird dadurch gemildert, dass in Kenia für Ole ein erheblicher Karrieresprung stattfinden kann: Ab Juli 1995 unterrichtet der frischgebackene *Doktor* Ole Ronkei an der – inzwischen als Uni anerkannten – *Daystar-University* in Nairobi.

Er hat jetzt die Funktion, die Verantwortung und das gesellschaftliche Ansehen eines Professors, doch schon bald lupft ihn sein Beziehungsnetzwerk die nächste Sprosse hinauf: Der Kanzler der Universität, James Kamunge, unterrichtet Wirtschaftswissenschaften und ist deshalb im Nebenamt als Berater für die Weltbank tätig. Diesen Zweitjob möchte er aus Gesundheitsgründen abgeben, doch an wen?

„Ich verstehe nichts von Finanzen", wehrt Ole ab, als Kamunge ihm diese Position anbietet.

„Aber von Kommunikation und Personalentwicklung, oder?", entgegnet Kamunge.

Drei Monate später, nach einem Einführungscrashkurs, ist Dr. Ole Ronkei nicht mehr nur Hochschullehrer, sondern auch Lehrer für die örtlichen Verantwortlichen millionenschwerer Weltbank-Kredite und -Investitionen. Die Verwalter international subventionierter Projekte in Kenia, Tansania und Äthiopien werden von ihm in Effizienz und Korrektheit, Teamfähigkeit und Führungsqualität geschult. Ole strukturiert und korrigiert die Informations- und Entscheidungsabläufe innerhalb großer Weltbankvorhaben in drei Ländern. Er ist kein Wirtschaftsprüfer, er hat keine Entscheidungsbefugnis über Personalien oder Finanzen, aber er ist ein Unternehmensberater der Weltbank. Und er wird entsprechend bezahlt. Sehr gut bezahlt.

„Ein Dollar bedeutet in Kenia mehr als ein Dollar in den USA", sagt Ole blumig, grinst dabei jedoch nicht wie üblich, sondern wird ganz ernst. „Aber mein Herz ist dabei nicht leicht geworden."

Gottes Ruf an Abraham, die gut gepolsterten Annehmlichkeiten zu verlassen, hört Ole, als er sich im Herbst 1997 über den Praktikumsbericht einer Studentin beugt und liest.

„Meine Studenten sollten verschiedene Nichtregierungsorganisationen besuchen. Diese Besuche reichten von Wochenendstippvisiten bis hin zu mehrwöchigen Praktika, je nach Studienfach. Über 500 Hilfswerke haben ihren Sitz in Nairobi. Ich fraß mich also durch hohe Stapel mehr oder minder ähnlich klingender Berichte und war schon todmüde, als ich plötzlich von einem Kinderpatenschaftsprogramm namens *Compassion International* las. Bei diesem Programm bezahlen Spender in Europa und Amerika die Schulausbildung afrikanischer Kinder! Wildfremde Menschen übernehmen Verantwortung für die medizinische und pädagogische Betreuung, ja sogar für die geistliche Förderung und religiöse Früherziehung. Ich war wie elektrisiert. Mir war, als läse ich meine eigene Kindheit in Starehe. ‚Du bist ein gesponsertes Kind, Herr Professor Weltbankberater!', so hämmerte es in meinem Kopf.

Gleich am nächsten Tag stand ich bei dem beschriebenen *Compassion*-Projekt vor der Tür und fragte, ob ich helfen könne."

„Darauf bin ich richtig stolz", meldet sich jetzt Renoi wieder zu Wort, „dass mein Mann das gemacht hat."

„Dass er zwei hoch dotierte Jobs hingeschmissen hat, um bei einem christlichen Spendenwerk anzufangen?", frage ich.

„Ja", antwortet sie.

„Ja", nickt auch er.

Es klingt wie vor einem Traualtar. Leise, aber feierlich.

Was verbindet uns eigentlich?

„Würdet ihr mir einen Gefallen tun und bitte kein Fischgericht bestellen?"

Renoi schaut uns über den Rand ihrer Speisekarte hinweg flehentlich an. „Ich muss würgen, wenn ich einen toten Fisch auf dem Teller sehe. E-kel-haft, findet ihr nicht?"

Das finden wir zwar nicht, besonders ich nicht, aber bitte, der edle Italiener hier hat genügend andere Köstlichkeiten auf der Karte. Kein Problem. Wir sitzen auf der fackelbeleuchteten Terrasse eines Restaurants an einer weiß gedeckten Tafel. Es sind gefühlte 20 Grad, ein lauer Frühsommerabend. Ole und Renoi haben sich dicke Daunenjacken über ihre Pullover gezogen. Nur uns zuliebe waren sie einverstanden, draußen Platz zu nehmen.

Der Kellner fragt, was wir vor dem Essen trinken möchten. Prosecco? Sherry? Einen Fruchtsaft auf Eis? Wasser?

Renois Augen funkeln schelmisch: „Ein Glas warmes Kuhblut haben Sie wohl nicht?"

Es ist der Abschiedsabend unserer Reise in eine fremde Kultur. Morgen werden wir heimfliegen.

„Würdest du uns den Gefallen tun und bitte kein Blut bestellen!", sagt meine Frau.

Wir lachen uns kaputt, das hilft gegen die leichte Melancholie in der Magengegend, gegen den Hauch von Traurigkeit, diese zwei wunderbaren Massai verlassen zu müssen.

„Kennst du die Interviewfrage", sagt Ole glucksend, „die immer zum Nachteil des Befragten ausgeht, egal, ob er mit Ja oder Nein antwortet? Sie lautet so: Haben Sie inzwischen aufgehört, Ihre Frau zu schlagen, Herr Malessa?"

Als die Menüs serviert sind, drehe ich die Scherzfrage ins Ernsthafte: „Wann hören die traditionellen Massaimänner in der Steppe auf, ihre Frauen zu schlagen, Herr Ronkei?"

Renoi antwortet schneller als er: „Wenn sie Christen werden."

Und Ole setzt nach: „Das stimmt. Wenn sie von der Liebe Gottes, von der Barmherzigkeit Jesu gehört haben und von der Menschenwürde, die sich daraus ergibt. Oder wenn sie riskieren, dass die Frau in ihre Herkunftsfamilie zurückkehrt. Das darf sie nämlich nach traditionellem Recht – die Scheidung einreichen."

„Aber tut sie das auch dann noch, wenn sie eine Christin geworden ist? Ich meine, zementiert der Glaube ihr stilles Duldertum oder stärkt der Glaube ihr Selbstbewusstsein, ihre Persönlichkeitsreifung?", frage ich zurück.

Die beiden schweigen. Und kauen.

„Ich müsste lange überlegen", sagt Ole schließlich, „mit welchen Worten man in *Ki-Massai* solche Dinge wie *Selbstbewusstsein* oder *Persönlichkeitsreifung* umschreiben könnte."

„Na, ganz praktisch", macht Renoi weiter, „käme es für eine christliche Massaifrau darauf an, was ihr Pastor sagt, in welche Gemeinde sie geht, wie man dort mit den Themen Ehe und Ehescheidung umgeht und ob sie Menschen hat, die ihr auch nach einer Trennung beistehen."

Das ist in Deutschland nicht anders, denke ich. Als wir George Shiramba, den Pastor der *Nairobi Baptist Church*, kennenlernten, kam er da nicht soeben von einer Ehepaarfreizeit am Indischen Ozean? Die Lebenswelten werden sich ähnlicher, quer durch die Kulturen. Oder doch nicht?

„Was denken eure Verwandten in Enoosaen über *eure* Ehe?" Meine Frau möchte das Gespräch lieber persönlicher halten. „Dass ihr eure Entscheidungen partnerschaftlich fällt, zum Beispiel?"

„Sie denken: Warum machen die es sich so schwer?", sagt Renoi und nimmt einen Schluck – Mineralwasser, wohlgemerkt.

„Wieso schwer?"

Sie muss lachen. „Als ich in den USA mit meiner Ausbildung fertig war, haben Ole und ich diskutiert, ob das Geld reicht, wenn ich keine Berufstätigkeit anfange, sondern für die Kinder zu Hause bleibe. Und dann hab ich mich, aus eigenem Entschluss, fürs Muttersein entschieden. Dafür wären im Massailand nur zwei kurze Befehle des Mannes nötig gewesen: Du bleibst zu Hause und die Großsippe hilft finanziell. Basta."

„Dasselbe gilt für die Erziehung", setzt Ole das Beispiel fort. „Renoi und ich sind uns in den Grundsätzen zwar einig, aber in der Alltagspraxis ist sie die Strengere und ich bin eher der Nachgiebige. Weil ich viel unterwegs und oft wochenlang weg bin, will ich zu Hause mit fröhlicher Großzügigkeit …"

„… am liebsten immer den Weihnachtsmann spielen", unterbricht ihn seine Frau. „Und dann setzt er hopplaho die Regeln außer Kraft, die ich mühsam eingeführt habe, während er weg war. Regeln musst du nämlich nicht nur festlegen, sondern auch festhalten, bei drei Halbwüchsigen und einem Zehnjährigen!"

Wir fühlen uns ihr ja so verbunden. Selbst wenn sie jetzt ein Glas Blut trinken würde.

„Um welche Regeln geht es denn? Was dürfen eure Kinder, was nicht?"

„Es gibt fünf TV-Kanäle in Kenia. Wir empfangen nur einen. Eine Schüssel wollen wir nicht. Darüber meckern sie natürlich. Wie lange sie fernsehen dürfen, ist ein Dauerbrenner in der

Diskussion. Namunyak und Retoyia sind 18 und 17, aber Rampei, der Kleine, will natürlich die gleichen Rechte wie sie. Computerspiele gibt es nur, wenn wir sie gesehen haben. Dasselbe gilt für DVDs."

„Und du glaubst nicht, dass ein cleveres Kind dies unterlaufen kann, indem es DVDs und USB-Sticks leihweise aus der Schule mitbringt?"

„Meine Kinder doch nicht!", sagt Ole mit gespielter Entrüstung und lacht.

„Kann sein", seufzt Renoi, „aber je strenger und dramatischer du etwas verbietest, umso geheimnisvoller und verlockender wird es ja auch. Ich glaube, wir halten da den Ball einigermaßen flach, oder?" Sie schaut Ole fragend von der Seite an.

Der muss grinsen. „Ja, was aber eine besonders fromme Lehrerin unseres Jüngsten nicht recht verstand. Im Unterricht sind Handys verboten. Seins klingelte trotzdem. Also nahm sie es ihm weg, tippte wohl ein bisschen drauf herum und zum Vorschein kamen derbe Witzbilder, Karikaturen und freche, blöde Sprüche unter der Gürtellinie. Sie bestellte mich in die Schule, um mir das Handy meines Sohnes zu überreichen! Ich sagte daraufhin nur: ‚Ach, nun ja. Was soll's. Vorpubertärer Kleinkram.‘ Dass ich nicht ebenso schockiert war wie sie, fand sie schockierend liberal."

„Aber grundsätzlich sind wir mit der Schule sehr zufrieden", beteuert Renoi, „weil eben hauptsächlich Missionarskinder hingehen …"

„… und unsere Kinder dadurch fast nur brave Freunde haben", unterbricht Ole mit vollem Mund. „Aber, um auf den Anfang unseres Gesprächs zurückzukommen: Diesen ganzen Gesprächs- und Abstimmungsbedarf zwischen uns Eltern, den hätten wir nicht, wenn ich den traditionellen Massaivater geben würde. Der befiehlt, und wehe, die Frau zieht nicht mit. Aus der

Sicht unserer Herkunftsfamilien leben wir eine sehr westliche Ehe."

Das Essen ist zu köstlich, um es vor lauter Gespräch an der frischen Abendluft kalt werden zu lassen. Nach einer Pause macht Ole nahtlos weiter: „Deshalb betrachten meine Brüder ja auch Bildung für Frauen und Selbstbewusstsein und Emanzipation und Autonomie und diesen ganzen westlichen ...", er sucht ein passendes Wort.

„Quatsch?", biete ich an. „Quark?"

„Nein, das nicht, aber diese typisch westlich-weißen Phänomene im Leben einer Frau betrachten sie sehr zwiespältig. Und beneiden mich um nichts."

Sie beneiden dich nicht um deine Frau, willst du andeuten, denke ich.

Und irgendwie kommen wir vom Stichwort Neid auch auf die Eifersucht zu sprechen. Im Gegensatz zu ihrem Mann ist Renoi in einer polygamen Familie aufgewachsen. Ihr Vater ist mit mehreren Frauen gleichzeitig verheiratet.

„Gab es Eifersucht zwischen den Frauen deines Vaters?", will meine Frau wissen.

Renoi ist sichtlich perplex. „Wieso?"

„Na, könnte doch sein."

„Nie. Nicht dass ich wüsste. Gut, als Kind bekommt man das noch nicht mit, aber als Teenagermädchen umso sensibler. Aber Eifersucht? Nein, nie. Meine Mutter war ja nicht mal eifersüchtig darauf, dass ich nicht zu ihr, sondern zu einer anderen Frau meines Vaters das innigere Verhältnis hatte."

Jetzt sind wir perplex. Und wir sehen wohl auch so aus, denn Renoi schiebt eine Erklärung hinterher: „Ich glaube, das sind sehr westliche Fragen an eine Ehe, die ihr da stellt."

Ole will noch mal auf den Neid zurück: „Ich habe zum Beispiel meinem Bruder William eine Klimaanlage für sein Haus und ein Auto angeboten und er hat nur gefragt: ‚Muss man diese Dinge reparieren und dann für die Wartungskosten eine Kuh verkaufen? Wenn ja, dann will ich sie nicht.' Versteht ihr? Vieles, was unser Leben angenehmer macht, würde sein Leben nur komplizierter machen. Erst recht, wenn es nicht um Gegenstände, sondern um Beziehungen geht."

„Apropos Gegenstände und Beziehungen", knüpfe ich an. „Ihr seid uns noch die Auskunft schuldig, wie hoch der Brautpreis denn nun für eure Hochzeit gewesen ist? Die Feier Nr. 3 hier in Kenia?"

Schallendes Gelächter ist die Antwort,

„Acht Kühe, aber nur pro forma. Symbolisch", gluckst Ole und Renoi unterbricht ihn: „Weil meine Eltern natürlich hoch anrechneten, dass Ole viel mehr Geld und Kraft und Zeit in meine Ausbildung investiert hatte, als wir noch in Oregon lebten."

Unser lebhaftes Gespräch muss bis auf den Eingangsbereich des Restaurants geschallt sein, wo zwei Massai in traditionellem Putz mit Speeren und Schilden stehen, als lebendige Dekoration im Garten sozusagen. Sie schauen unverhohlen neugierig zu uns herüber.

„Was denkt ihr über die beiden?", will meine Frau wissen. „Ist das demütigend für sie, ist das menschenverachtend vom Restaurantbetreiber, sie hier sozusagen auszustellen?"

„Unsinn. Die zwei haben sich verkleidet, wie sich bei euch eine Hostess auf der Touristikmesse verkleiden würde", wiegelt Ole ab. „Sie bekommen Geld fürs dekorative Herumstehen. Kein schlechter Zuverdienst am Abend, denken die sich bestimmt. Also, ich finde das völlig legitim."

„Solange sich keine naive weiße Touristin in einen von ihnen verliebt …" Renoi lächelt meine Frau an und stößt gleichzeitig ihre Gabel energisch in den letzten Happen Rinderfilet.

Diese Geste hat was Grimmiges, finde ich.

„Du meinst Corinne Hofmann aus der Schweiz? Die weiße Massai?", hake ich nach. „Vier Millionen Exemplare hat sie von ihrer Liebesgeschichte verkauft, die auch noch in zwanzig Sprachen übersetzt wurde. Es ist wahrscheinlich das erfolgreichste Schweizer Buch seit *Heidi*. Es ist sogar verfilmt worden."

Ole legt sein Besteck beiseite und sagt nur: „Schon der Buchtitel war gelogen. Lketinga Lepamorijo, ihr Ex-Mann, ist ein Samburu, kein Massai."

Der Kellner räumt unsere Teller ab und fragt nach Dessertwünschen. Renoi zieht den Reißverschluss ihrer Winterjacke bis zum Kinn hoch, bevor sie erzählt: „Sie ist reich, sie ist berühmt, sie lebt mit der Tochter Napirai in Europa. Und er ist arm. Er hat diesen kleinen Lebensmittelladen in Barsaloi und lebt immer noch im Busch."

Wir nicken. „Das war doch eine Art sexueller Kolonialismus, findet ihr nicht?"

„Nö." Ole zuckert seinen Cappuccino und verblüfft uns wieder mal mit seiner knochentrockenen Nüchternheit: „Zum Ausbeuten gehören immer zwei. Einer, der es macht, und einer, der es mit sich machen lässt. Der Samburumann verstand die Ehe als eine Versorgungsgemeinschaft. Man sichert einander das wirtschaftliche Überleben, man erleichtert einander die Alltagsarbeit und man bekommt Kinder, fertig. Die Schweizerin verstand die Ehe wahrscheinlich als ein romantisches Paradies aus schönen Gefühlen und zärtlichem Sex. Sie war naiv. Er aber auch, denn Lketinga hat gewusst, dass sich eine Weiße niemals den strengen Gepflogenheiten seiner Kultur unterwerfen wird, dass er immer ein Gehorsamsproblem mit ihr haben wird. Und wenn er es nicht selbst wusste, dann hat es ihm seine Familie gesagt. Und auf die hat er nicht gehört. Selbst schuld."

Oho. Da tritt der Sohn eines Laiboni zutage, denke ich. Die Familie und die Tradition sind nicht immer nur eine Fortschrittsbremse, sondern manchmal auch eine Bastion der Vernunft?

Jetzt huscht ein listiges Lächeln über sein Gesicht. „Er hätte es so machen sollen wie ein entfernter Bekannter von uns. Der hat eine steinreiche 73-jährige Amerikanerin geheiratet, die ihm ihr Vermögen vererbte und fünf Jahre später an Malaria starb."

Renoi prustet, amüsiert-empört, und haut ihm leicht auf den Oberschenkel. Von steinreichen Touristinnen ist es thematisch nicht weit zu Renois großem Herzensprojekt in Nairobis Stadtteil Karen: ihr Kunstgewerbeladen für Schmuck, Accessoires und Brautmoden. Und weil meine Frau wiederum seit Jahren ein Kulturcafé mit Boutique betreibt, können Ole und ich für eine Weile dem Fachsimpeln der beiden selbstständigen Unternehmerinnen zuhören.

Dabei umklammert Renoi immer wieder mit beiden Händen ihre Tasse heißen Tee, um warme Finger zu bekommen, wahrscheinlich.

Wir dagegen löffeln genüsslich unser eiskaltes Mangosorbet.

„Was mich wundert", sagt meine Frau und klingt dabei so, als balanciere ihre Zunge gerade etwas sehr Kaltes hin und her, „was mich wundert, ist, dass die Massai weder Milcheis noch Käse herstellen, obwohl sie dauernd mit Kühen zu tun haben."

„Stimmt", nickt Ole, „Eis und Käse habe ich erst bei dem italienischen Priester im Starehe-Internat kennengelernt."

„Und das Christsein", sage ich, als wir aufstehen und gehen.

Die Klimazonen sind verschieden, die Geschmäcker sowieso und die Vorstellungen, was eine glückliche Ehe und Familie

ausmacht, erst recht. Kulturell geprägte Denk- und Verhaltensweisen können Welten voneinander entfernt sein oder Jahrhun-
derte weit, und doch gibt es Abende wie diesen, wo uns vier
Personen an einem Tisch unausgesprochen klar ist, was uns verbindet. Was uns in diesen Tagen so stark zueinander hingezogen
hat und was uns jetzt miteinander so vertraut macht. Was uns
sogar mit unseren Kindern verbindet, an die wir denken, wenn
wir miteinander schweigen.

Ole hatte es mir schon gesagt, als ich ihn das erste Mal traf,
damals, in Addis Abeba, in der Hotellobby: „Das Vertrauen zu
Gott, der in Jesus zu uns gekommen ist. Wobei es nicht nur auf
unseren Glauben ankommt, sondern auch auf den Glauben anderer Menschen, die uns vertrauen. Menschen, die uns Gott an-
vertrauen.“

COMPASSION

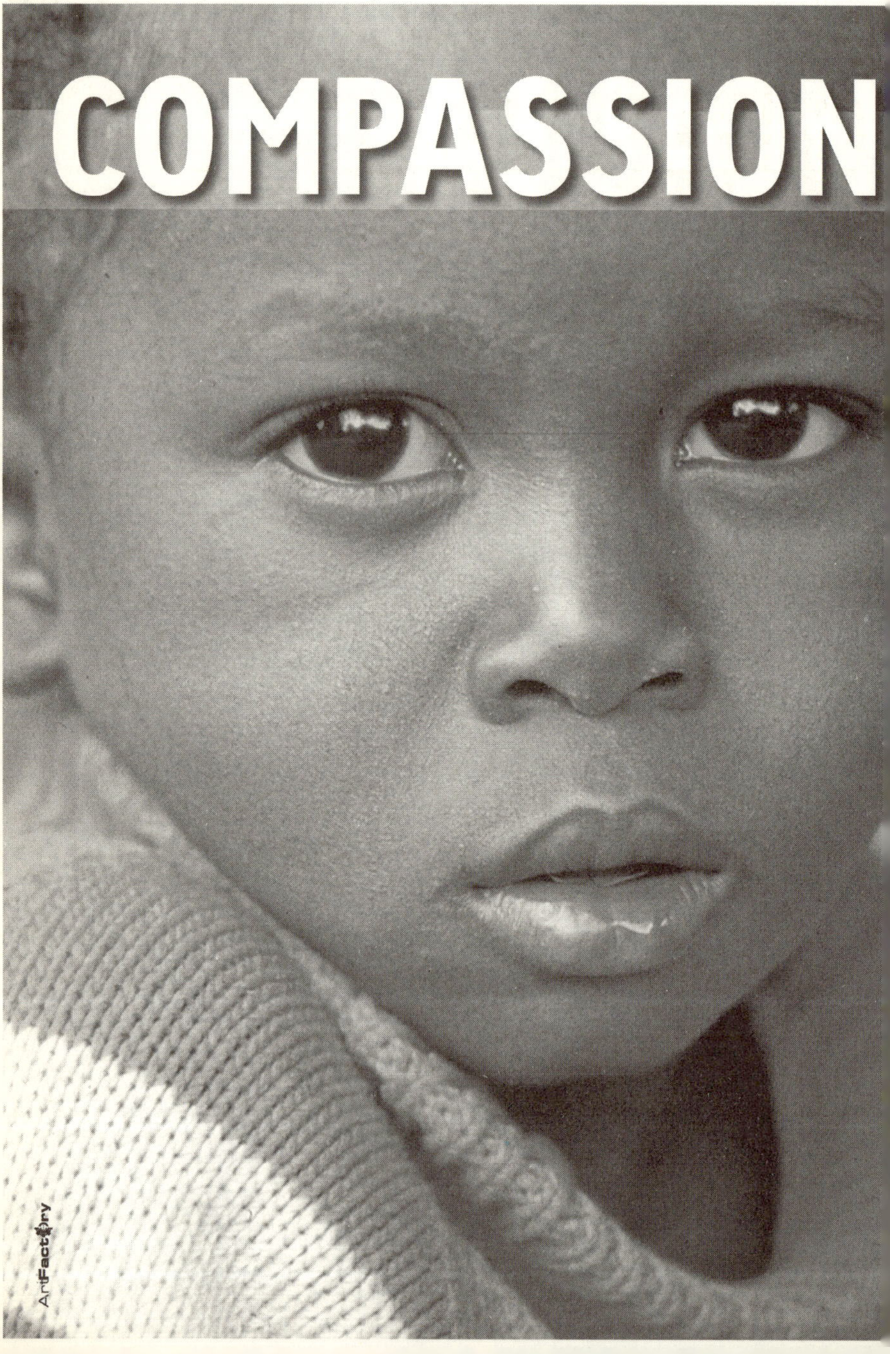